丛书主编 **俞树毅**

U0861901

★生命无返程:重点交通法规解读

★百姓生活避风港:也谈社会保障法

★祸患积于忽微:警察权限与治安管理

★清官能断家务事:走进婚姻法

★**约定大于法定:合同法漫谈**

★让我欢喜让我忧:银行卡消费与维权

★权利与保障同行:民事侵权及其救济

法律在身边

FALU ZAI SHENBIAN

公民维权系列丛书

屈耀伦 编著

约定大于法定:
合同法漫谈

兰州大学出版社

图书在版编目（CIP）数据

约定大于法定 ：合同法漫谈 / 屈耀伦编著. -- 兰州 ：兰州大学出版社，2014.11
（“法律在身边”公民维权系列丛书 / 俞树毅主编）
ISBN 978-7-311-04634-7

Ⅰ. ①约… Ⅱ. ①屈… Ⅲ. ①合同法－基本知识－中国 Ⅳ. ①D923.6

中国版本图书馆CIP数据核字(2014)第267127号

责任编辑　张国梁　王颢瑾
装帧设计　郇　海

书　　名　约定大于法定:合同法漫谈
作　　者　屈耀伦　编著
出版发行　兰州大学出版社　(地址:兰州市天水南路222号　730000)
电　　话　0931-8912613(总编办公室)　0931-8617156(营销中心)
　　　　　0931-8914298(读者服务部)
网　　址　http://www.onbook.com.cn
电子信箱　press@lzu.edu.cn
印　　刷　兰州奥林印刷有限责任公司
开　　本　710 mm×1020 mm　1/16
印　　张　8.75
字　　数　144千
版　　次　2015年3月第1版
印　　次　2015年3月第1次印刷
书　　号　ISBN 978-7-311-04634-7
定　　价　22.00元

(图书若有破损、缺页、掉页可随时与本社联系)

总　序

党的十八届四中全会提出全面推进依法治国,总目标是建设具有中国特色社会主义法治体系,建设社会主义法治国家。

改革开放三十多年来,走市场经济道路和建设具有中国特色社会主义法律体系、建设法治国家是我们始终坚持的。改革越往后就越艰难。我国市场经济建设虽然取得了巨大的成功,但地方保护、行政垄断、自然垄断、权力寻租、市场壁垒以及不公正的市场规则等乱象依然存在,市场经济建设已经到了深层的攻坚克难时期。市场经济是法治经济,市场秩序的建立与维护要依靠反映市场规律、市民社会规则的法治体系。人治只能是计划经济的反映。建设具有中国特色社会主义法治体系,对于深化各项改革、推动市场经济健康发展,具有重要意义。

正如十八届四中全会提出全面推进依法治国的重大任务所表明的,中国特色社会主义法治体系的建设和完善主要依赖于政府的推动,但这种自上而下的推动应当促进内生性的法治建设,其中,增强全民法治观念、加强民主立法和法律实施的公众参与等,应该是题中的应有之意。

社会问题纷繁复杂,当下中国社会又一次处在了历史的节点上。"依法治国,建设社会主义法治国家"是中国的基本治国方略,也是中国承继人类文明的必然和历史选择。依法治国必然要求增强全民法治观念,并在全社会大力推动普法宣传教育。虽然学理解释在法理学上属于无权解释之列,但适法、守法、用法均离不开对现行法律的熟悉、掌握和准确理解,学理解释在法律的适用、市场规则和市场秩序的维护、公民行为的预测或指引中发挥着至关重要的作用。可以说,如果民众没有良好的法律素养,没有法律信念,则中国现代法律的移植、现代法治社会和法治国家的建设始终是不可完成的任务,只能是水中月、镜中花。

早在1986年,中国就开始了以五年为一个周期的普法活动。2011年为"六五"普法规划的启动年。"六五"普法规划的基本指导思想主要是:按照全面落实依法治国基本方略和建设社会主义政治文明的新要求，坚持法制宣传教育与社会主义核心价值体系教育相结合、与社会主义法治理念教育相结合、与社会主义公民意识教育相结合、与法治实践相结合，深入开展法制宣传教育，深入推进依法治理，大力弘扬社会主义法治精神，为夺取全面建设小康社会新胜利营造良好法治环境。

所谓普法，就是普及法律知识，而法律知识范围广泛，涵盖法律和法学，既包括法律精神、法律价值、法律理念，也包括法律原则、法律规范；既包括理论法学、应用法学，也包括一切有关法律和法学的知识和学问。因此，普法会成为依法治国的常态和有机组成部分。当然，普法首先是从对现行法律的宣传、正确解释和准确理解开始的。

应兰州大学出版社之约，我们组织编纂了这套“法律在身边”公民维权系列丛书。丛书内容涉及公法、私法和社会法等各个方面，将按照出版计划陆续推出。这套丛书的出版，期望能够为全社会普法、为法治中国建设尽些绵薄之力。

丛书撰稿人均为在职法律人（法律职业共同体成员，包括法官、检察官、律师、法学教育工作者以及研究者等），大都从事法律教学和研究以及司法实践工作，有较高的科研能力和语言驾驭能力。是他们认真负责的态度和孜孜不倦的工作，使丛书得以面世。

作为丛书的总主编，我制定了丛书的体例，并对各分册书稿进行了统稿和进一步完善。

这套丛书的特点是：语言明快、简洁、通俗；法律要义、释疑、案例、法条有机结合，各单元自成体系；贴近社会生活的主要方面，与大众生活息息相关。

限于学识和时间，书中肯定存在不少问题，希望读者、行家不吝赐教。

俞树毅

2014年12月1日

（丛书总主编俞树毅，系兰州大学法学院教授、博士研究生导师。兰州大学环境资源法学研究所所长）

前 言

21世纪是一个经济高速发展的时代,经济高速发展的标志是商品交换数量的增加,人们在频繁地签订并履行各种合同。因此,也有人说,财富的一半是合同。但这些经济活动却导致层出不穷的合同纠纷的发生,这不仅给合同的一方或者双方当事人带来巨大的合同风险,而且打破了市场主体预先的经济安排,并直接侵害其经济利益。这时,合同法就大显威力,它协调着人与人、人与事之间的关系,就像一个交通规则,指导人们如何规避纠纷、依法处理纠纷,不断规范着经济交往活动。同时,合同法也是人们合法利益的忠诚卫士,它保护着人们的合法利益,促进着社会的和谐和经济的健康发展。因此,广大人民群众了解和正确运用合同法就显得十分重要和迫切。

本书本着贴近实际、贴近群众、贴近生活的原则,以单元的形式,采用分模块的方法,从合同及合同法概览、如何签订合同、怎样确定合同的效力、怎样依法履行合同、已经生效且在履行的合同是否可以终止、准确地认识违约责任、合同管理、依法处理合同纠纷、常见合同九个方面全面而深入地阐述了日常生活中经常出现的法律问题,较好地把晦涩的法学理论化为居民的日常生活知识,通俗易懂。这对读者预防纠纷、解决合同纠纷都是很有益处的。

此外,为了更具指导性和实用性,本书在传统框架外增加了"如何签订合同""已经生效且在履行的合同可以终止吗""常见合同面面观"三个单元,希望能对广大读者有一定的帮助。

由于能力、资料、时间所限,不足之处在所难免,望广大读者批评指正。

目　录

第一单元　你对合同知多少

——合同、合同法简介

【精讲精析】

一、合同是商品交换的法律形式

你知道什么是合同吗？合同也称为契约。现代市场经济是法制经济，也是交换经济。从人们的衣食住行到国家经济的运转，一切都离不开交换，而交换的法律形式就是合同。在我国现代市场经济条件下，合同乃商品交换的主要法律形式。可以说，合同支撑着我们的日常经济生活。

依据《中华人民共和国合同法》(以下简称《合同法》)第2条的规定，合同是平等主体的自然人、法人及其他组织之间设立、变更、终止民事权利义务关系的协议，是反映交易的法律形式。婚姻、收养、监护等有关身份关系的协议，适用其他法律的规定。

(一)合同的法律特征

合同是当事人或当事双方之间设立、变更、终止民事关系的协议。依法成立的合同，受法律保护。合同具有如下法律特征：(1)合同是双方或多方的法律行为；(2)合同当事人法律地位平等；(3)合同以产生民事权利义务关系为目的。

(二)合同的分类

1.根据合同成立是否以交付标的物为要件，可将合同分为诺成性合同与实践性合同。

2.根据合同的成立是否需要特定的形式，可将合同分为要式合同与非要式合同。

3.根据合同当事人双方权利义务的分担方式，可将合同分为单务合同与双务合同。

4.根据当事人取得权利是否以偿付为代价,可将合同分为有偿合同与无偿合同。

5.根据法律是否规定一定的名称,可将合同分为有名合同与无名合同。

6.根据合同的主从关系,可将合同分为主合同与从合同。

7.根据合同订立是为谁的利益,可将合同分为订约人利益的合同与第三人利益的合同。

二、合同法的立法背景、目的及其功能

(一)合同法的立法背景

合同法的产生和发展要从古罗马谈起。

政治因素:罗马共和国成为世界性帝国之后,国家经济生活主体出现变化,大量外国人被纳入经济生活的范围。外国人与罗马公民之间、外国人与外国人之间必然产生一些经济交往,但传统的市民契约仅适用于罗马公民,无法适用于外国人,其局限性暴露出来。顺理成章地,整个社会需要一种新的契约形式来应对此种经济主体的变化。

经济因素:罗马帝国是当时疆域最大(东起小亚细亚、西抵大西洋)、人口最多(5000万～6000万,占当时世界人口的1/5或1/6)的环地中海之国,对外贸易空前繁荣并得到发展。另外,国内出现了商品高利贷阶层(骑士),更进一步推进了商品交易和货币活动,帝国经济蓬勃发展。此时,统治者亟待解决的问题是:打破传统的市民法僵化的形式主义,使贸易摆脱烦琐的形式主义的束缚,以满足商品贸易迅捷、快速的要求。

思想因素:自然法理论是合同法产生的思想基础。英国的法律史学家梅因曾说:"我找不出任何理由,为什么罗马法律会优于印度法律,假使不是自然法理论给了它一种与众不同的优秀典型。""每个人都有追求生命自由、财产和幸福的自然权利。"[①]自然法所蕴含的公平、正义思想与罗马当时繁荣的市民社会一拍即合,奠定了契约自由的思想基础。

制度因素:公元前212年,罗马确立了外事裁判官制度,他们在处理对外贸易纠纷过程中,发现地中海邻国在交易方式上逐渐趋于简化,并发现此种简化的契约比市民法契约更便捷,更适应贸易发展需要。于是,外事裁判官通过告示,赋予此种非依特定形式而订立的当事人间的"协议"以法律效力,此举促成罗马法上诺成契约的产生,成为与市民法契约并存的契约形式。

---

① [英]亨利·梅因:《古代法》,沈景译,商务印书馆1959年版,第45页。

在我国,《合同法》由第九届全国人民代表大会第二次会议审议通过,自1999年10月1日起生效。最高人民法院于1999年12月1日、2009年2月9日、2010年7月12日分别通过了三个《关于适用〈中华人民共和国合同法〉若干问题的司法解释》。

(二)合同法的目的

合同法是规范市场交易秩序的基本法律,是民商法的一个重要组成部分,涉及生产、生活的各个领域,与人们的日常生活、企业的生产经营密切相关。据资料统计,全国每年订立大约有40亿份合同,而法院每年受理的各种合同纠纷案件,大约有300万件。

1999年,《合同法》出台前,我国主要有三部专门规定合同的法规:一部是1981年颁布,1993年修改,主要解决国内经济合同纠纷的《经济合同法》;第二部是主要调整涉外经济合同纠纷,1985年制定的《涉外经济合同法》;第三部是1987年制定的《技术合同法》。另外,还有一些法律对合同问题也做出过一些规定,并且国务院也颁布过十多个有关合同的行政法规。所以,在当时来看,关于合同的法律法规还是比较全面的。有学者说,三部合同法、有关合同规定的法律、国务院颁布的有关合同的行政法规以及最高人民法院有关合同的司法解释,共同构成了我国合同法律体系的框架。①

然而,随着改革开放的继续深入和扩大、经济贸易的迅猛发展,这三部合同法的局限性及缺陷逐渐凸显出来。其中存在的突出问题有:第一,《经济合同法》、《涉外经济合同法》和《技术合同法》属于三个不同的法规,因制定时间较早,起草单位不一,有些规定过于原则化。因各自调整对象的不同,难免会出现不一致的情况,存在着矛盾、冲突之处,无法做到协调统一。第二,在市场交易中,新的违法犯罪等问题出现,一定程度上导致了经济秩序的混乱、经济信用程度降低,需要三部合同法积极应对。比如,利用合同进行诈骗,各种侵权现象大量涌现,立法只有补充相关规定,才能有效避免合同欺诈,维护当事人合法权益,协调经济秩序。第三,对现有的法律法规而言,调整范围已不能完全适应经济的发展,必须制定新的法律法规来规范经济的运行。例如,融资租赁、委托、行纪等新的合同种类的出现,都需要通过立法做出回应。

综上所述,从适应建立社会主义市场经济体制的根本要求出发,制定一部统一的、较为完备的合同法,来规范各类合同及其在日常生活中的运用、调整

① 王胜明:《关于合同法的立法背景指导思想及适用范围》,载《科技与法律季刊》,1999年第1期,第73-75页。

合同当事人之间的权利义务关系、促进市场经济平稳健康的发展,显得尤为迫切。在这样的背景下,《合同法》出台统一了中国的合同立法。

《合同法》第1条规定,为了保护合同当事人的合法权益,维护社会经济秩序,促进社会主义现代化建设,制定本法。依据本条之规定,合同法的立法目的主要有三个方面:

第一,保护合同当事人的合法权益。这是合同法立法的直接目的和首要任务。确保当事人的合法权益,可调动当事人进行交易活动的积极性,促使各方利益的最大化,提升资源的最佳配置与利用,增进整个社会的财富积累。具体可以表现为两方面:(1)合同法蕴含着自力救济的规则。为当事人提供了行为依据及活动空间。纠纷一旦出现,当事人可直接依据合同法条文明确相互间的权利、义务关系,指引自己行使权利、履行义务,借此保护当事人的合法权益。(2)提供“公力”救济。合同双方当事人发生纠纷时,一方当事人有权提起诉讼请求,国家“公力”救济即正式启动,由审判机关对合同纠纷进行裁决。最终确认一方当事人承担违约责任,保护了当事人的合法权益。

第二,维护经济秩序。在现代各国,交易是市场经济存在的前提和基础,而合同是交易所采用的主要手段。合同法作为交易法,是交易规则的法律表现。合同法是以交易的存在为前提的。我国合同法直接将“维护经济秩序”列为自己的目标,并通过为当事人行为提供一般准则,使其行为合法、有序,以此来顺利实现这一目标。当事人之间因利益的存在,难免会发生冲突,必须加以引导和规范,才能构建和谐、竞争、有序的经济秩序。具体来讲,维护经济秩序主要通过规范合同的整个过程来实现,即将合同的发生、发展和终止等一切过程均纳入法律轨道。

第三,促进我国的经济建设。有人说,合同法是创造财富的法律。作为市场经济的核心交易规则,它肩负的使命即调整我国的市场经济秩序。首先,不仅它所确立的规则能使各利益主体利益最大化,而且也能增进整个社会的财富,为我国奠定坚实的物质基础。其次,如前所述,合同法本身也是一部行为法,它制定的规则最大限度地降低了交易费用,节约了交易成本。

综上所述,合同法的制定是我国法制发展史上的一个壮举,意义重大。合同法的立法目的统领着整个合同法规范。

(三)合同法的功能

1.合同法功能的概念

合同法的功能,又称合同法的规范功能,指合同法所应当具有的作用或应当达到的目标，从合同法追求的目的上讲，许多学者将合同法的功能称为合同法的目标，是不无道理的。我国《合同法》第1条规定，为了保护合同当事人的合法权益，维护社会经济秩序，促进社会主义现代化建设，制定本法。这显然是从立法目的上概括了合同法所应具有的功能。

由于合同的本质在于合意，合同在很大程度上就是当事人以其自身的意志调整他们相互之间的交易关系。

合同法的功能是基本的法律价值的体现，在合同法中，应当具有整合和协调的功能，协调法律诸价值之间的矛盾和冲突，使各个价值得到最充分的体现。例如，效率与合同正义经常会发生矛盾。按照这一观点，公平正义是违约责任价值基础，公平正义要求责任与违法行为及其后果相适应。然而，近几十年来，以波斯纳为代表的经济法分析法学派提出效率违约理论，明确提出违约的补救应以效率而不是公平正义为其追求的主要目标。如果当事人的违约能够实现价值最大化的时候，应当鼓励此种违约，而不应当考虑违约责任所体现的公平正义的问题。由此可见，强调效率也可能会忽视合同正义的问题。然而，以调整交易关系为主要任务的合同法，又不能不以效率作为其基本价值。所以，问题不在于效率是否是合同法的基本价值，而在于如何协调价值冲突。

2.维护交易秩序

《合同法》作为维护市场经济秩序的基本法律，必然以维护市场交易秩序为首要任务。所谓市场交易秩序，是指在商品和劳务的交换活动中以及其他的财产流转中，所应该具有的稳定性和规则性。唯有市场交易秩序稳定和有序，参与交易的双方当事人才能最大限度地实现其通过交易所追求的利益。交易秩序的混乱，必然会导致市场活动萎缩，市场经济也就无法正常生存发展。作为一部以调整市场交易关系为主要目的的法律，合同法当然是以维护交易秩序为至高任务。合同法的基本原则之一——诚实信用原则，即为交易主体所普遍遵循的一项准则，在维护市场交易秩序方面，有着重要的理论和现实意义。而合同法另一基本原则——当事人法律地位平等原则，对维护正常交易秩序也起着指导作用。

可以毫不夸张地说，合同法中的全部规则皆因维护交易安全而设置。关于订立程序的规定，确立了完成交易所应遵循的规则；而关于合同的履行、变更和解除的规定，规范了交易过程中的各种行为。责任制度对维护合同的效力至关重要。而关于责任的强制性和制裁功能的规定则有助于纠正不法行为，预防和控制违约的发生，达到维护交易秩序的目的。

然而，应当看到，由于多年来我国合同立法并不完善，合同的执行也存在许多不尽人意的地方，许多交易当事人尚没有牢固地形成重合同、守信用的观念，也还没有把自己的允诺和信誉当作自己的生命，把契约条款当作自己自愿接受的必须履行的规则。因此，在实践中，任意撕毁合同和其他违约现象严重存在，利用合同进行欺诈的现象也较为严重，从而导致债务危机，此种债务危机对交易秩序构成了严重的威胁。这就表明，我国合同法在实践中尚没有产生应有的效应。因此，健全合同立法和司法，维护交易秩序仍然是我国当前法制建设中的一项重要任务。

3.维护合同自由与合同正义

(1)合同自由

合同自由，是指当事人所依法享有的，在缔结合同、选择缔约伙伴、决定合同内容以及在变更和解除合同、选择合同补救方式等方面的自由。从某种意义上说，合同就是当事人自由意志的结合，合同法“旨在实现当事人的意愿，这些当事人打算通过协议而为法律所束”。[①]所以，合同法理应将维护合同自由作为其终极目标，合同自由是合同法最基本、最重要的原则。

合同法应以维护合同自由为功能是市场经济对法律所提出的要求。市场经济是以市场机制作为资源配置、调节经济活动的经济组织方式和运行方式基本手段的经济。在市场经济条件下，不同的个人和组织基于各自的利益目标，自由地从事各种交易活动，不仅是市场秩序形成的基本因素，而且是交易不断发展、经济不断增长的前提。所以，市场经济要求努力减少政府对交易活动的不必要的干预，扩大合同当事人所享有的合同自由。

(2)合同正义

①给付与对待给付之间的等值性。例如，张某与王某系邻居，张某突发重病住院，急需用钱，家里人一筹莫展。邻居王某见此情形，主动拿出1万元送上门，并说：“这钱你们先用着，以后再说。”后来，张某痊愈出院，王某向其索要1万元钱，张某却称受赠之钱可以不还。但王某称当初只是将钱借给张某，并未赠给他，现要追还。这里，我们对王某行为的意思表示解释为借贷而非赠予，更符合合同正义之公平原则的精神。

②合同风险的合理分配。将诸如标的物意外损毁或者合同目的因意外无法实现的风险在双方当事人之间进行合理的分配。

---

① 迈克尔·D.贝勒斯：《法律的原则》，张文显等译，中国大百科全书出版社1996年版，第172页。

③其他类型的合同负担的合理分配。例如,免责条款的法律规制、损害赔偿的合理归责、附随义务的合理配置等等。

综上所述,合同自由与合同正义这两个合同法的基本原则,必须相互补充、彼此协力,才能保证合同法机能的充分实现。

4.保护合同当事人的合法权益

保护当事人的合法权益,是我国合同法的首要目标,也是我国《民法通则》所确认的公民、法人的合法民事权益法律保护的原则在《合同法》中的具体体现。我国《合同法》第1条宣称,保护合同当事人的合法权益仍是合同法的立法宗旨。可见,保护合同当事人的合法权益是合同法的首要目标。

合同法如何做到对合同当事人合法权益的保护?违约责任制度对维护交易秩序,保护当事人的合法权益具有重要作用。可以说,正是违约责任制度的存在,才使自罗马法以来所确认的"合同必须严守"的原则得以确立和遵循。唯有强化责任制度,及时打击并纠正各种违法行为,才能保障当事人订约目的得以充分实现,其合同债权也才能得到更充分的维护。

其实,合同法所具有的维护合同当事人合法权益的目标不仅仅体现在违约责任制度方面,还体现在其他的各项合同法律制度之中。例如,在合同的成立制度方面,合同法明确规定合同成立并生效后,当事人必须全面履行合同规定的义务,任何一方不得擅自变更和解除合同。此规定明确了合同对当事人双方的拘束力,同时也保障了当事人基于合同所享有的权益。合同法规定了合同权利转让制,将合同债权作为一种以实存利益为基础的财产,使其成为一种重要的交易对象。此举增进交易,推进投资发展,最大的贡献在于使债权能够自由转让和流动,促使其债权得以更充分实现。合同保全制度同样旨在维护当事人合法权益,这一制度允许债权人可在特定情况下主张债权人的代位权和撤销权。合同履行制度规定当事人在合同履行中"诚实信用、实际履行和严格履行合同",命令当事人按照合同规定的标的履行义务,禁止以损害赔偿或支付违约金替代合同的履行,其初衷仍然是为了维护各方当事人权益。一旦合同被确认无效或被撤销,按照规定,当事人须返还财产,并要求有过错的当事人赔偿对方所受损失。这也是为维护当事人合法权益所不可缺少的。正是因为合同法的各项制度都体现了对当事人权益的维护,因此,维护当事人的合法权益也是合同法的一项重要目标。

5.促进经济效益

通过确认合同当事人享有的合同自由,法律赋予当事人以法律拘束力,最终促进经济效益提升。在订立契约和确认契约条款方面,自由选择权是很重要的,因为可以确保当事人期待从契约中获得利益,因而使价值提高。第一,合同自由总是与效率联系在一起的,只有当事人享有广泛的自由,市场主体才具有充分的能动性和自主性,才能在法律规定范围内自主参与各种交易。第二,表现在合同法通过并确认保障合同当事人所享有的债权,保护当事人的期待利益实现。第三,表现在鼓励交易原则上。市场经济条件下,合法的交易是提高资源使用效率的重要手段。第四,合同法通过规范交易行为,可减少交易费用。通过提供交易规范和术语,方便当事人订约,减少交易成本。例如,违约责任制度允许当事人事先制定免责条款和违约损害赔偿条款,使当事人预料其行为后果、未来交易风险及不履行合同情况下的后果,便于当事人预先安排,从而提高效率。

三、合同法的基本原则

所谓合同法的基本原则,指贯穿于全部合同法的基本准则,也是制定、执行合同法的指导精神,是合同法的主旨、根本准则,蕴含着合同法的基本理念及价值。合同法的基本原则不同于合同法的具体原则和规则,它是合同立法、司法所应遵循的宗旨和标准,集中体现合同法的基本特征。

(一)平等自愿原则

合同本质上为平等主体之间的法律关系。商品经济的客观规律决定了当事人务必是相互独立,并且具有法律上的平等地位。当事人之间不论其身份、经济能力、所有制形式是否相同,在合同关系中的地位一律都是平等的。他们之间没有强制关系、从属关系。合同法禁止任何一方强迫他人服从自己。法律地位的平等能够赋予当事人更多的权利,根据自身具体情况及对利益的追求,自主决定合同订立及相关行为,平等地协商权利义务的分配,达到利益的相对平衡。

平等原则指合同当事人的地位平等,一方不得强迫另一方。一般认为,平等原则是合同法的基石,是其他基本原则赖以存在的基础。而自愿原则,指在当事人之间,若一方采用欺诈、胁迫手段订立合同,则属无效合同或者可撤销合同,并且在合同当事人与其他人之间,禁止任何单位、个人非法干预。当然,自愿原则既然是法律赋予的,自然也受到法律的限制,即当事人是在法律规定范围内的“自愿”。综上所述,平等自愿原则就是说合同当事人的身份是平等的,他们在订立合同时是出于自己真实意思表达。

合同法不仅对平等自愿原则做了明确规定,还在一些相关立法及制度中充分体现了这一原则。具体体现在以下几个方面：

第一，以立法的方式，将平等自愿原则直接写入《合同法》第3条、第4条，从而体现出该原则的重要性。

第二，关于合同内容方面。我国《合同法》第12条明确规定，合同的内容由当事人约定。同时，在其他条款中也做了规定，当事人就数量、价款或者报酬、履行地点等内容没有约定或者约定不明确，可以协议补充；不能达成补充协议时，按照合同有关条款或者交易习惯确定；仍旧不能确定的，才适用法律的有关规定。这充分体现了平等自愿原则的精髓。

第三，关于合同形式方面。我国《合同法》第10条规定，当事人可以订立的合同有书面合同、口头合同和其他形式的合同。但是，该法第36条又规定，法律、行政法规规定或当事人约定采用书面形式订立合同，当事人未采用书面形式但一方已经履行主要义务，对方接受的，该合同成立。第37条还规定，采用合同书形式订立合同，在签字或者盖章之前，当事人一方已经履行主要义务，对方接受的，该合同成立。这一规定充分尊重当事人的意愿，是自愿原则的最通俗表达。

（二）公平原则、诚实信用原则

我国《合同法》第5条明确规定，当事人应当遵循公平原则确定各方的权利和义务。我国合同法明确规定，显失公平的合同属于可撤销合同，因此公平是合同法最基本的原则。具体表现可总结为以下几点：(1)公平处理合同纠纷，对守约方与违约方的权益均予以保护；(2)订立合同时的公平；(3)公平地调整当事人之间的利益。

在日常生活中，合同双方当事人在信息占有、资金等方面不可能完全对等，甚至讨价还价能力都不同，假如绝对地要求自愿、平等，会导致交易难以完成，或者交易成本大增。所以在实际生活中，对于平等自愿原则并非绝对要求，而是以强调合同的公平作为补充。这就是公平原则的由来。

诚实信用原则，指合同中的当事人进行民事活动时，应当诚实守信，善意履行其义务，不允许滥用权利、不允许规避法律或合同规定的义务。按照我国合同法的精神，合同的双方当事人在合同的签订、履行、变更甚至解除的各个阶段，哪怕是合同关系中止以后，均应该严格依据诚实信用原则行使权利、履行义务，以此来维护正常的交易秩序。

合同法确认诚实信用原则的价值在于，试图以其来保持和弘扬传统道德及商业道德；保障合同得到严格履行，维护交易秩序；随着交易发展，该原则的功能不断扩大,甚至可以起到弥补法律漏洞的作用。[①]

(三)遵守法律、不得损害社会公共利益原则

这一原则明确规定在《合同法》第7条中:"当事人订立、履行合同,应当遵守法律、行政法规,尊重社会公德,不得扰乱社会经济秩序,损害社会公共利益。"有的学者将其称作合法原则。合法原则是基本的民事活动准则。其具体内容概括如下:(1)当事人在订约、履约中须遵守法律及行政法规;(2)依据我国《合同法》第38条规定,在合同订立方面,从国家利益及社会需要考虑,对于国家下达的指令性任务或订货任务,当事人不得拒绝;(3)当事人必须遵守社会公德,不违背社会公共利益,遵守公序良俗的要求。

(四)依合同履行义务原则

《合同法》第8条规定:"依法成立的合同,对当事人具有法律的约束力。当事人应当按照约定履行自己的义务,不得擅自变更或者解除合同。依法成立的合同,受法律保护。"此条是对依法成立的合同效力的规定。根据合同法的自愿原则,订不订立合同、与谁订立合同、合同的内容如何等,由当事人自愿约定。合同一旦成立后,对当事人即产生法律约束力。该约束力的内容为:当事人应依合同约定履行自己的义务,若不履行或者履行不符合约定,则需承担违约责任。任何一方不得擅自变更或者解除合同。

【典型案例(一)】

李某与某村委会房屋买卖合同纠纷案[②]

1999年10月2日,原告李某与被告某村委会签订了一份房屋租赁合同,合同约定:房屋租赁期限5年,形势变化随时变更;年租金1500元,村里将13千瓦用电权借给李某使用。2000年7月初,李某因租赁的房屋年久失修,加之遭受水灾,屋顶漏雨,间墙倒塌,村里又无力维修,故提议出卖房屋。村委会经研究同意将租赁房屋卖给李某,双方协商价格为3万元,但李某表示征求家人意见后再定。李某征求家人意见后,口头表示价钱太贵不买房屋。此后,刘某提出购买此房,村主任托人询问李某是否购买,如果不买则村委会就要卖给他人,

---

①王利明、房绍坤、王轶:《合同法(第三版)》,中国人民大学出版社,2009年版。

②详见《合同法伏案与诚实信用原则》,http://news.9ask.cn/htjf/hetongfaanli/200908/225833.html

李某仍表示不买。村委会便与刘某达成协议，将此房以3.2万元的价格(包括17.2千瓦用电权)卖给刘某，刘某预付了定金1万元。但因李某租赁房屋未到期，李某提出继续使用房屋，并不同意归还13千瓦的用电权。村委会经研究决定，以2.8万元的价格将此房卖给刘某，用电权由原定17.2千瓦变为4.2千瓦，刘某必须允许李某租用房屋到合同期满，房屋的所有权归刘某。

2000年9月2日，村委会和刘某办理产权转移手续时，李某也未提出异议。房屋产权转移后，刘某维修了房屋。2000年9月21日，刘某与李某达成协议，李某迁出承租的房屋，刘某向其支付损失费2000元。村委会也退给李某预交的承租费3000元。事后，李某以村委会将争议房屋租给他，却于2000年8月未经其同意而维修了房屋，并将争议房屋出卖给刘某，其是承租人，应享有优先购买权为理由，向某市人民法院起诉，请求将房屋优先卖给他。村委会辩称：李某提出购买争议房屋以后，双方议定价格为3万元，但事后李某表示不买，才以3.2万元之价卖给刘某。后因与李某的合同未到期，李某不同意迁出，村委会才以2.8万元之价将房屋卖给刘某，并允许李某使用房屋到合同期满。在买卖成交及产权转移过程中，李某均表示不买。故李某提出房屋优先购买权没有道理，不应支持。

法院经审理，认定上述事实属实。因此，没有支持李某的诉讼请求。

【以案说法(一)】

本案可从不同角度进行法律分析，在此结合该案说明合同法上的诚实信用原则。在合同法上，诚实信用原则是合同法最为重要的基本原则之一，它是合同法基本精神的体现，是合同法的指导原则。

对于本案，虽然根据最高人民法院《关于贯彻执行〈中华人民共和国民法通则〉若干问题的意见(试行)》(以下简称《民通意见》)第118条规定："出租人出卖出租房屋，应提前三个月通知承租人，承租人在同等条件下，享有优先购买权；出租人未按此规定出卖房屋的，承租人可以请求人民法院宣告该房屋买卖无效。"原告对被告出卖的出租房屋享有优先购买权。但是，从案情看，在被告向原告两次做出卖房提议时，原告均做出了否定的意思表示。至于价格低于原先与原告商议的3万元，是因为刘某得到的用电权较少。在被告与刘某办理产权转移手续时，原告也未提出异议。而且原告还从刘某处得到了补偿，从被告处取回了预付租费，因此，原告的行为表明其已放弃了作为承租人而享有的优先购买权。在刘某已经取得房屋所有权并对房屋进行了维修以后,原告又对其所有权提出异议,要求被告将房屋卖给他,明显违背了诚实信用原则,原告的请求不应得到支持。

【典型案例(二)】

江某诉黄某补偿合同案①

2000年,江某(原告)和黄某(被告)、证人朱某、王某等人在广东省吴川市广湛公路吴川段工程指挥部共同竞争灯具业务。期间,原、被告和证人朱某通过私下协商,达成一致,原告自愿退出竞争,被告和证人朱某等人补偿原告损失5万元。之后,朱某给付原告3万元,被告于2000年11月9日出具2万元借条一份给原告,但一直未付款。原告诉称被告因资金短缺,向其借款2万元,约定于2000年11月13日支付,但至今未付。被告答辩称其从未向原告借款,借据是一次竞争业务中,原告以退出竞争为条件,答应补偿原告部分损失所立,该民事法律行为及补偿合同应为无效,不受法律保护。

高邮市人民法院认为,双方的合同不违反法律的禁止性规定,但是这种行为却损害了我国《民法通则》和《合同法》所规定的公共利益,扰乱了正常的社会主义市场经济秩序,应确认该补偿合同无效。法院于2002年6月28日判决驳回原告诉讼请求。

【以案说法(二)】

不得损害社会公共利益,相当于国外的不得违反公共政策或者不得损害公序良俗的规定。随着民事法律的不断完善,不少过去属于不得损害社会公共利益的内容,现在已经有法律规定,成为遵守法律的内容。但法律与社会存在相比,毕竟是第二性的,法律很难对社会上的形形色色都事无巨细地做出规定。遇到在法律上没有规定,又涉及损害社会公共利益的事情怎么办?最后的法律武器就是不得损害社会公共利益。根据这一原则,才可以做到法网恢恢,疏而不漏。

①最高人民法院中国应用法学研究所:《人民法院案例选2004年民事专辑(总第48辑)》,人民法院出版社2005年版,第383页。

【法条链接】

中华人民共和国合同法

第一条 为了保护合同当事人的合法权益,维护社会经济秩序,促进社会主义现代化建设,制定本法。

第二条 本法所称合同是平等主体的自然人、法人、其他组织之间设立、变更、终止民事权利义务关系的协议。

婚姻、收养、监护等有关身份关系的协议,适用其他法律的规定。

第三条 合同当事人的法律地位平等,一方不得将自己的意志强加给另一方。

第四条 当事人依法享有自愿订立合同的权利,任何单位和个人不得非法干预。

第五条 当事人应当遵循公平原则确定各方的权利和义务。

第六条 当事人行使权利、履行义务应当遵循诚实信用原则。

第七条 当事人订立、履行合同,应当遵守法律、行政法规,尊重社会公德,不得扰乱社会经济秩序,损害社会公共利益。

第八条 依法成立的合同,对当事人具有法律约束力。当事人应当按照约定履行自己的义务,不得擅自变更或者解除合同。

依法成立的合同,受法律保护。

第三十八条 国家根据需要下达指令性任务或者国家订货任务的,有关法人、其他组织之间应当依照有关法律、行政法规规定的权利和义务订立合同。

第六十条 当事人应当遵循诚实信用原则,根据合同的性质、目的和交易习惯履行通知、协助、保密等义务。

第九十二条 合同的权利义务终止后,当事人应当遵循诚实信用原则,根据交易习惯履行通知、协助、保密等义务。

最高人民法院《关于贯彻执行〈中华人民共和国民法通则〉若干问题的意见(试行)》

118.出租人出卖出租房屋,应提前三个月通知承租人,承租人在同等条件下,享有优先购买权;出租人未按此规定出卖房屋的,承租人可以请求人民法院宣告该房屋买卖无效。

【扩展阅读】

合同有哪些特征?

合同是作为平等主体的自然人、法人、其他组织之间设立、变更、终止民事权利义务关系的协议。协议并非都是合同。例如,甲与乙商量某日到水库去钓鱼,这是基于娱乐为目的不涉及民事权利和义务的约定,不是合同。某企业与职工签订的生产任务、质量、成本包干责任书,因为双方是管理与被管理的关系,而不是平等主体之间的关系,也不是合同。某村委会和某村民签订的鱼塘养殖承包经营协议,在此协议关系中,双方法律地位平等,以设立债权债务关系为目的,是合同。

合同的特征:

1.合同是一种民事法律行为。合同是合同当事人意思表示的结果,以设立、变更、终止财产性的民事权利义务为目的。合同的内容是由意思表示的内容来确定的。所以,合同是一种民事法律行为。

2.合同是一种双方或多方共同的民事法律行为。合同的成立有两个或两个以上的当事人,合同的各方当事人互相、平行做出意思表示。各方当事人的意思表示要达成合意,这种合意是当事人平等自愿协商的结果。

3.合同是以设立、变更、终止财产性的民事权利义务为目的。协议当事人签订合同的目的在于各自的或共同的利益,即在合同当事人之间,为了保证其利益实现,以合同的方式来设立、变更、终止财产性的民事权利义务关系。

4.合同的订立、履行应当遵守法律、法规。无论是合同的主体、订立合同的程序、合同的形式、合同的内容,还是合同的履行、合同的变更或解除,都必须合法。

5.合同具有法律效力。合同的成立,具有法律约束力,即合同的当事人必须遵守合同的规定,如果违反,就要承担相应的法律责任。

而合同法,则是调整当事人之间以协议形式而形成的社会关系的法律规范的总称。

6.合同是在当事人平等基础上缔结的协议。

第二单元　如何签订合同

——谈谈合同的订立

【精讲精析】

一、合同的形式

合同的形式是指合同当事人双方对合同的内容、条款经过协商，觉得合意而做出的具体表现形式。常见的合同形式有格式合同书与非格式合同书、口头形式合同与书面形式合同之分。

格式合同书指合同条款由当事人一方预先拟定，对方只能表示全部同意或者不同意的合同书；非格式合同书指合同条款完全由当事人双方协商一致所签订的合同书。

口头形式的合同简称口头合同，是当事人仅仅以口头意思表示达成协议的合同。口头合同因其使用起来非常方便，所以在生活中被广泛运用。但口头合同也有缺陷，比如双方发生纠纷时难以取证，故一般不宜采用口头形式合同。

书面形式合同是以有形载体为表现形式的合同。例如，合同书、信件以及数据电文（包括电报、电传、传真、电子数据交换和电子邮件）等能够有形地表现所载内容的形式的合同。

与口头合同相比，书面合同较为复杂一些，但是一旦发生纠纷，举证较为方便，也容易分清责任大小，并且便于主管机关及合同管理机关监督、检查。合同究竟采用何种形式呢？法律、行政法规规定必须采用书面形式的以及当事人约定采用书面形式的，须采用书面形式。书面合同形式在实际生活中被大多数人普遍采用。

为什么用书面形式：(1)交易所涉及的金额相对较高；(2)交易的规则相对

较复杂;(3)合同的存续期限相对较长。从而产生两个必要性:(1)保存证据的必要性;(2)督促当事人谨慎交易的必要性。

难道合同仅仅只有书面形式和口头形式吗?答案是否定的。除了这两种形式以外,合同还具有其他表达方式。

默示合同是指根据当事人的行为或者特定情形推定而成的合同。有的学者将其称作推定形式的合同。例如,在租赁房屋的合同关系中,在租房合同期满后,出租人未明确提出让承租人退房,承租人也未明确表示退房,而是继续交付房租,出租人也依然接受租金,依据双方当事人的行为,我们可以推定此房屋租赁合同继续有效。再比如,乘客乘坐公共汽车到达目的地时,乘车人与承运人之间并没有明确的协议,但依双方当事人的行为即可推定该运输合同成立。

双方当事人约定或者依照法律规定,由国家公证机关对合同内容加以审查公证后所订立的合同为公证合同。此种合同的特点是:以合同的书面形式为基础,由公证机关对合同内容的真实性及合法性进行审查确认后,加盖公证印鉴,作为证明。公证合同是最具证据力的合同形式。我国法律在合同公证问题上,采取了自愿原则,即由当事人自行约定合同是否须经公证。双方当事人要求必须公证的合同,不经公证即不生效。法律也可以规定一些重要的合同种类必须进行公证。

鉴证形式是指当事人双方约定或者依照法律规定,由国家合同管理机关对合同内容的真实性及合法性进行审查的方式订立合同的一种合同形式。鉴证是国家对合同进行管理和监督的行政措施,只能由国家行政主管机关进行。鉴证的作用在于加强合同的证明力,提高合同的可靠性。除国家规定必须鉴证的合同外,鉴证机关可根据当事人的申请进行鉴证。对于地方性法规规定必须予以鉴证的合同,在做出鉴证规定的行政区域内签订时应从其规定。从目前我国法律和行政法规的规定看,尚未将鉴证形式规定为合同的法定形式,故将鉴证形式归为法定形式的一种仍为理论上的提法。各地关于鉴证形式的规定一般仅涉及国土资源、房地产及劳动关系领域。其原因是,这些领域关系国计民生及人民群众的利益,且尚需加强管理。

批准形式是指除应由当事人达成意思表示一致而成立外,还应将合同书及有关文件提交国家有关主管机关审查批准才能生效的合同形式。这类合同除了应该具备的合同生效要件外,还须同时具备书面形式和批准形式这两个特殊要件才可生效。不经批准,合同不发生法律效力。此合同形式是国家对某些特殊类别合同的特殊要求。在我国,此类须经国家主管机关批准的合同,主要涉及城市房地产开发、技术引进、资源开发利用及涉外领域等。

登记形式一般用于不动产买卖合同。登记合同是指双方当事人约定或依照法律规定,将合同提交国家登记主管机关登记的合同形式。当事人订立合同后,如未按规定办理登记手续,合同虽然成立,但不发生法律所赋予的法律拘束力,不能诉请法院强制义务人履行义务。船舶等某些在法律上视为不动产的特殊动产,其转让也采取登记形式。合同登记形式既可由当事人自行约定,也可由法律加以规定。

合同确认书是一方当事人可在合同成立之前要求以书面形式加以确认的合同形式,具体可采用信件、数据电文等形式订立合同。

二、合同订立的程序——要约与承诺

合同订立的过程,其实就是反复的要约邀请、要约与承诺的过程。

(一)要约

要约是指当事人一方向对方发出的希望与其订立合同的意思表示。前者称为要约人,后者称为受要约人。

1.要约的形式

要约作为一种意思表示,可以书面形式做出,也可以口头形式做出。书面形式包括信函、电报、电传、传真等函件。

2.要约的有效要件

(1)要约必须是特定人的意思表示。

(2)要约必须是向相对人发出的意思表示。要约的相对人为特定的人,但某些情况下可以是不特定的人。

(3)要约必须是能够反映出所要订立合同主要内容的意思表示。

(4)要约必须送达受要约人。

3.要约的撤回与撤销

要约的撤回通知须在要约到达受要约人之前或者与要约同时到达受要约人,如果要约已到达受要约人,那么此要约便不可撤回。例如,拍卖中竞买人一经发出应价要约,便不得撤回。

要约的撤销通知须在要约到达受要约人后,受要约人做出承诺之前到达受要约人。值得一提的是,如果要约中确定了承诺期限,或者明确说明要约不可撤销的,以及受要约人有理由认为要约是不可撤销且做了履行合同准备工作的,那么此要约便不可撤销。

要约失效的原因通常有以下几个方面:(1)被通知拒绝的;(2)被依法撤销的;(3)承诺期限届满,受要约人未做出承诺的;(4)受要约人对要约的内容做出实质性变更的。

尤其需要注意的是,要约被依法撤回不属于要约失效的原因,因为撤回的对象乃尚未生效的要约,所以不存在失效的问题。

(二)承诺

承诺,简言之,是合同中的当事人一方对另一方提出的要约完全同意的意思表示。承诺原则上应当以口头或书面的方式做出,但依据交易习惯或要约中表明者,也可以通过行为做出。缄默或不行为通常不能作为承诺的表示方式。

承诺的有效需具备以下几个条件:(1)须由受要约人或其授权的代理人做出承诺;(2)须在有效期内做出承诺;(3)承诺须与要约的内容一致;(4)承诺须向要约人做出;(5)承诺的方式必须符合要约的要求。

做出承诺的一方发出承诺后反悔,是可以撤回承诺的,但撤回承诺的通知应当在承诺通知到达要约人之前或者与承诺通知同时到达要约人。

迟延承诺为超过承诺期限发出的承诺。要约人应及时通知受要约人该承诺有效,并且将迟延的承诺视为新要约。

三、合同的拟定及合同的主要条款

(一)合同的拟定

不同的合同有不同的拟定方式,我们就以劳动合同为例做具体说明。

根据《劳动合同法》的规定,非全日制用工可以为口头合同。但是,该类用工除工作时间以外,其他的用工特征都与全日制的用工非常相似,极易被认定为事实劳动关系。所以,最好还是签订书面的劳动合同。

1.签订流程

(1)审查劳动者的主体资格

①年龄审查。防止招用童工等现象的发生。用人单位可要求劳动者提供身份证原件及复印件,复印件上一定要签署"与原件一致,由××提供",签名确认并用右手食指加盖完整的红色指模。

②劳动者学历、资格及工作经历的审查。

③查验劳动者与其他用人单位是否拥有事实劳动关系。

④查验劳动者的身体健康证明。

可将对于以上条款的违反情况约定在劳动合同中作为解除劳动合同的条件。

(2)向劳动者解读劳动合同,并要求劳动者先行签署,然后由用人单位签署。这是为了避免空白劳动合同的流失及劳动者单方修改劳动合同。

(3)办理入职手续

入职手续应在劳动者签署劳动合同之后。这样可以避免用工在前而存在事实劳动关系的风险。如果劳动者拒签劳动合同,但已开始工作,则可以要求用人单位发放双倍工资等,用人单位很容易陷入被动。

例如,小王2008年元月回家结婚,适值厂方签订劳动合同,造成漏签,而人事部门也忽略该事。2008年9月份,小王申请劳动仲裁,要求厂方支付相关双倍工资。因厂方事前未做任何准备,因此败诉。

2.签订细节

(1)避免随意用工。

(2)避免因疏忽、过失而不签订劳动合同。

(3)避免出现劳动合同无效或部分条款无效。[①]

(4)避免出现临时工概念。

(5)避免使用独立的试用期协议。

(6)避免签订劳动合同时扣押劳动者证件。

(7)避免要求劳动者提供担保或缴纳保证金、押金等。

(8)避免将经济关系变成劳动关系。

(9)注意妥善保管好记录。

(二)合同的主要条款

合同条款是确定合同双方当事人权利和义务的依据,除法律规定外,合同当事人的权利与义务都由合同条款确定。合同的条款具有决定合同能否成

①当某一劳动合同条款是否有效难以判断时,只要对劳动管理有利的,第一原则是保留在劳动合同中。因为,依据法律法规对某一条款的有效性做出判断时,劳动者对这一条款的理解不可能超越用人单位。甚至,如果用人单位拥有足够的风险识别能力,在劳动合同中完全可以设置即使无效也不会导致用人单位承担巨额损失赔偿的“墙上纸老虎”条款。但是,这种内容不能进入用人单位的规章制度,否则劳动者依据该规章制度主张单方解除劳动合同,对企业非常不利。

立、生效以及能否顺利地履行、实现的重大作用。合同的类型和性质决定了合同主要条款的具体内容。合同法规定合同的内容由当事人约定，一般应当包括以下条款：

(1)合同当事人的名称(姓名)和住所

合同当事人是合同法律关系的主体，把各方当事人名称(姓名)和住所都记载准确、清楚，是每个合同都必须具备的条款。

(2)合同的标的

合同的标的是双方权利义务所共同指向的对象。没有标的的合同是无法成立的，合同关系也无法确立。对于标的的规定必须清楚明白、准确无误。合同标的具体有有形财产、无形财产、劳务、工作成果四类。对于不便于确定的无形财产、劳务、工作成果等，要进行更加准确细致的描述。

(3)合同标的的数量

标的数量的规定即合同中的数量。对绝大多数合同而言，数量是必须具备的条款，没有数量的合同就无法成立。有形财产的数量是对单位个数、体积、面积、长度、容积、重量等的计量；无形财产的数量是个数、件数、字数以及使用范围等多种量度方法；劳务的数量则为劳动量；工作成果的数量是工作量及成果数量。不言而喻，合同的数量一定要准确。

(4)合同标的的质量

标的的质量表现的是标的内在素质和外观形态的综合。物理、化学、生物等性质与外观形态的综合是对有形财产质量的表达；而对于不好衡量的无形财产、服务、工作成果来说，也有其内在素质的衡量方法。国家有强制性标准规定的，合同中必须按照规定的标准执行。标的的质量应该规定得具体、详细，如对标的的质量要求、规格、技术指标等都需要明确规定。

(5)合同中的价款或者报酬

价款或者报酬乃有偿合同的条款。一方当事人向对方当事人所付代价的货币支付即价款或者报酬。价款一般指对提供财产的当事人支付的货币。报酬则一般是指获得服务后所应支付的代价。

(6)合同中履行期限、地点和方式

履行期限是重要条款，即一方当事人向另一方当事人履行义务之时间界限，如交付标的物的时间界限等。履行期限直接关系到合同义务完成的时间，涉及双方当事人的期限利益，是确定合同能否按时履行的依据，也是确定是否违约的依据之一。

一般来说,签订合同时,应将当事人履行合同的地点加以规定。在不同的合同中,履行地点也不尽相同。若合同未规定履行地点或规定不明确时,债务人应依据《民法通则》第88条来确定履行地点,也可考虑在符合债权人利益或便于其接受的地点履行。

当事人履行义务的具体做法即履行方式。合同不同,履行方式自然也不同。具体方式有价款或者报酬的支付方式、结算方式等。对于大多数合同而言,履行方式并非主要条款,其欠缺并不影响合同成立。

(7)合同中的违约责任

违约责任是法律责任,指当合同一方当事人或者双方当事人不履行合同或者不适当履行合同时,依照法律规定或合同约定所应当承担的法律责任。违约责任体现了合同的法律约束力,它促使当事人履行合同义务使对方免受或少受损失。

(8)解决争议的方法

解决争议的方法是指合同当事人对合同的履行发生争议时解决的途径和方式。可以选择的解决争议的方法主要有:当事人协商和解、第三人调解、仲裁以及诉讼。除法律另有规定外,涉外合同的当事人既可以选择解决他们的争议所适用的法律,也可以选择我国法律或其他国家的法律。当他们选择用仲裁方式解决纠纷时,可以选择我国的仲裁机构,也可以选择其他国家的仲裁机构。

四、缔约过失责任

缔约过失责任,是指在合同成立前的缔约过程中,因缔约人一方导致合同不成立或无效、被撤销所具有的过错所承担的责任。它是一种新型的责任制度,具有自己的特点:(1)只能产生在缔约过程之中;(2)是因诚实信用原则所产生的先合同义务[①]的违反;(3)对造成他人信赖利益损失应负的损害赔偿责任;(4)是一种弥补性的民事责任。

我国《合同法》第42条对缔约过失责任做了明确规定:“当事人在订立合同过程中有下列情形之一,给对方造成损失的,应当承担损害赔偿责任:(一)假借订立合同,恶意进行磋商;(二)故意隐瞒与订立合同有关的重要事实或者提

①先合同义务又称先契约义务或缔约过程中的附随义务,是指自缔约当事人因签订合同而相互接触磋商,至合同有效成立之前,双方当事人依诚实信用原则负有协助、通知、告知、保护、照管、保密、忠实等义务。

供虚假情况;(三)有其他违背诚实信用原则的行为。"显而易见,缔约过失责任就是诚实信用原则在订立合同过程中的体现。

1.缔约过失责任的法律特征

(1)法定性。缔约过失责任是基于法律的规定而产生的一种民事责任。

(2)相对性。缔约过失责任只能存在于缔约阶段,即合同订立的磋商阶段,且缔约过失责任也只能在缔约当事人之间存在。

(3)补偿性。缔约过失责任目的是弥补或补偿缔约过失行为所造成的财产损害后果。

2.缔约过失责任赔偿范围

(1)固有利益赔偿

固有利益的损害在缔约过失责任中主要是于缔约之际未尽保护义务而致相对方人身权、财产权的损害,该损害应由加害人承担全额赔偿责任,不存在是否以履行利益为最高限额问题。固有利益赔偿范围主要指赔偿身体、健康、生命丧失等的损害或损失。基本内容一般应包括:医疗费、误工费、护理费、交通费、住宿费、住院伙食补助费和必要的营养费等的赔偿。此外,致残的还应包括残疾人生活补偿补助费、残疾用具费损失、被扶养人扶养来源丧失的损失等赔偿,致死的还应包括丧葬费的损失,死者生前扶养的人扶养来源丧失的损失等。

(2)信赖利益赔偿

信赖利益损失包括直接损失和间接损失。直接损失主要包括:①缔约费用;②准备履约和实际履约所支付的费用;③因缔约过失导致合同无效、被变更或被撤销所造成的实际损失;④因身体受到伤害所支付的医疗费等合同费用;⑤因支出缔约费用等。间接损失主要包括:①因为对合同有效成立的信赖而放弃的获利机会所造成的损失,即丧失与第三人签订合同机会所蒙受的损失;②利润损失,即无过错方在现有条件下从事正常经营活动所获得的利润损失;③因身体受到伤害而减少的误工收入;④其他可得利益损失。

3.缔约过失责任与违约责任的区别

(1)产生的依据不同。在缔结合同中,若合同不成立、合同无效或被撤销时才需要承担缔约过失责任。此时合同并未生效,因此缔约过失责任产生的根据是先合同义务。但违约责任则只能产生于已生效的合同,它以有效合同关系的存在为前提条件,其责任产生的根据是合同义务。判断二者的一个重要依据就是看合同是否有效成立,假如双方之间存在有效合同关系,就适用违约责任，假如双方之间不存在有效的合同关系，即适用缔约过失责任。

（2）二者保护的利益不同。缔约过失责任制度是保护缔约双方的一种信赖关系，基于此信赖关系，期望通过合同的订立、履行，去实现合同目的过程中产生的信赖利益，最终希望救济这一法律肯定的信赖利益。而违约责任则重在保护合同当事人的履行利益[①]。在合同生效后，如果债务人不履行合同义务，或者履行合同义务不符合双方约定，导致债权人的履行利益无法实现，则债务人应依法律规定或双方约定，承担相应的违约责任。

（3）责任性质不同。缔约过失责任具有鲜明的法定性，即基于法律的直接规定而产生，并且缔约过失责任的责任形式也是法律所规定的。违约责任则具有约定性，这体现了合同法的意思自治原则。

（4）责任发生时间不同。缔约过失责任只会在缔结合同过程中产生，包括合同成立环节。而违约责任则只能发生在合同成立后并且已生效之后，若合同虽已成立但没有生效，那就不会产生任何合同义务，也自然不会产生违约责任，而只会产生缔约过失责任。

（5）二者的归责原则不同。缔约过失责任的归责原则是过错责任原则。违约责任的归责原则是严格责任原则，是指违反合同义务的当事人无论主观上有没有过错，都应当承担违约责任的归责原则。

（6）构成要件不同。归责原则的不同决定了它们的构成要件不同。

（7）免责事由不同。缔约过失责任不存在免责事由，只有在缔约过程中双方存在混合过错的情况下才有减轻责任的可能。违约责任截然不同，当合同双方当事人都存在违约时，只针对各自的违约行为对对方承担责任，是可以相互折抵的。

（8）赔偿范围不同。缔约过失责任承担信赖利益的损失。违约责任承担履行利益的损失。

（9）责任形式不同。缔约过失责任的责任形式只有赔偿损失一种，而违约责任的责任形式则非常多样化，如可继续履行、采取补救措施、赔偿损失、支付违约金等等。

---

①履行利益指合同当事人基于合同的生效，实际履行后所获得的利益。

【典型案例(一)】

口头合同是否属于合同诈骗罪中的合同形式?[①]

2006年11月,被告人李某在北京市通州区"北京利智盈无线数据科技有限公司"工作期间,对客户王某谎称欲出售诺基亚牌6268型手机,骗取王某的信任,后王某通过网上转账及银行汇款的方式先后于2006年11月15日、16日汇给李某人民币170900元,李某得款后逃匿,后于2008年2月24日被警方通缉抓获。

被告人李某对起诉书指控内容无异议。其辩护人的辩护意见为,李某最初取得货款时并无非法占有目的,只是后来做生意将钱赔掉无法归还才选择逃避,且李某认罪态度较好,建议法院对其从轻处罚。

通州法院经审理认为,被告人以非法占有为目的,在履行合同过程中,收受对方当事人给付的货款后逃匿,诈骗数额巨大,其行为构成合同诈骗罪,依法应予惩处。通州检察院指控被告人李某犯合同诈骗罪事实清楚,证据确实、充分,指控的罪名成立。根据被告人李某的犯罪事实、情节以及对社会的危害程度等,以合同诈骗罪判处有期徒刑8年,罚金人民币8000元,并继续追缴被告人李某赃款人民币170900元,发还被害人王某。

宣判后,被告人李某在上诉期内未提出上诉,公诉机关亦未提出抗诉,现一审判决已发生效力。

【以案说法(一)】

本案涉及的问题是口头合同是否属于合同诈骗罪中的合同形式?

有一种意见认为,口头合同不能够成为合同诈骗罪中的合同形式。持该种意见者的理由主要有两点:(1)在普通诈骗中,诈骗人往往会用花言巧语虚构事实、隐瞒真相来与被害人达成某种协议、约定,从而骗取被害人财物。严格按《合同法》的规定,诈骗人与被害人之间都有口头合同,如果对通过口头合同骗取被害人财物的案件全部按合同诈骗罪处理,则《刑法》第266条规定的诈

---

①详见《口头合同为常见诈骗合同》,http://china.findlaw.cn/hetongfa/hetongdedingli/ktht/169954.html

骗罪存在的空间就会被压缩到极小，几乎无存在之必要。(2)考虑到定罪证据的客观可见性，在合同诈骗罪的认定中，需要能够证明被告人所利用合同存在的证据。口头合同只是通过诈骗人与被害人之间口头约定，没有客观实在的载体将其固定，极难举证。因此，从对证据客观可见性要求的角度来说，口头合同不应成为合同诈骗罪中的合同。

另外一种意见认为，《合同法》第10条规定："当事人订立合同，有书面形式、口头形式和其他形式。"因此，口头合同也是合同诈骗罪中的一种合同形式。

从本案来看，法院的审判结果表明口头合同也应当是合同诈骗中"合同"的形式。

【典型案例（二）】

丙是否承担缔约过失责任？

甲因资金周转困难，欲将一店铺以3万元价格转让，乙得知后，有意购买，并与甲进行了商谈。与此同时，丙也有一店铺意欲转让。当丙知道甲为转让店铺已与乙进行商谈后，便以扩大经营为由与甲进行了长时间磋商，而暗中却与乙协商，并订立了店铺转让合同。丙在自己的店铺转让后，找借口终止了与甲的磋商，致使甲最终只能将店铺低价转让。后来，甲得知丙的所作所为，向人民法院提起诉讼，称自己在转让店铺过程中遭受的损失是丙造成的，要求丙承担自己低价转让店铺的损失。

【以案说法（二）】

在本案中，甲的请求是否合理呢？

此案中，甲的请求是合理的。理由如下：

根据我国《合同法》第42条之规定："当事人在订立合同过程中有下列情形之一，给对方造成损失的，应当承担损害赔偿责任：(一)假借订立合同，恶意进行磋商的；(二)故意隐瞒与订立合同有关的重要事实或者提供虚假情况的；(三)有其他违背诚实信用原则的行为的。"在本案中，丙并没有与甲订立店铺买卖合同的意图，而是假借订立合同进行磋商，该行为在性质上属于缔约过失行为。由于丙的缔约过失行为致使甲与乙未能订立买卖合同,最终使甲不得不以低价将店铺转让,以解决周转困难,从而遭受损失。该损失应由丙承担,故甲的请求是合理的。

【法条链接】

中华人民共和国合同法

第九条 当事人订立合同,应当具有相应的民事权利能力和民事行为能力。

当事人依法可以委托代理人订立合同。

第十条 当事人订立合同,有书面形式、口头形式和其他形式。

法律、行政法规规定采用书面形式的,应当采用书面形式。当事人约定采用书面形式的,应当采用书面形式。

第十一条 书面形式是指合同书、信件和数据电文(包括电报、电传、传真、电子数据交换和电子邮件)等可以有形地表现所载内容的形式。

第十二条 合同的内容由当事人约定,一般包括以下条款:

(一)当事人的名称或者姓名和住所;

(二)标的;

(三)数量;

(四)质量;

(五)价款或者报酬;

(六)履行期限、地点和方式;

(七)违约责任;

(八)解决争议的方法。

当事人可以参照各类合同的示范文本订立合同。

第十三条 当事人订立合同,采取要约、承诺方式。

第十四条 要约是希望和他人订立合同的意思表示,该意思表示应当符合下列规定:

(一)内容具体确定;

(二)表明经受要约人承诺,要约人即受该意思表示约束。

第十五条 要约邀请是希望他人向自己发出要约的意思表示。寄送的价目表、拍卖公告、招标公告、招股说明书、商业广告等为要约邀请。

商业广告的内容符合要约规定的,视为要约。

第十六条 要约到达受要约人时生效。

采用数据电文形式订立合同,收件人指定特定系统接收数据电文的,该数据电文进入该特定系统的时间,视为到达时间;未指定特定系统的,该数据电文进入收件人的任何系统的首次时间,视为到达时间。

第十七条 要约可以撤回。撤回要约的通知应当在要约到达受要约人之前或者与要约同时到达受要约人。

第十八条 要约可以撤销。撤销要约的通知应当在受要约人发出承诺通知之前到达受要约人。

第十九条 有下列情形之一的,要约不得撤销:

(一)要约人确定了承诺期限或者以其他形式明示要约不可撤销;

(二)受要约人有理由认为要约是不可撤销的,并已经为履行合同作了准备工作。

第二十条 有下列情形之一的,要约失效:

(一)拒绝要约的通知到达要约人;

(二)要约人依法撤销要约;

(三)承诺期限届满,受要约人未做出承诺;

(四)受要约人对要约的内容做出实质性变更。

第二十一条 承诺是受要约人同意要约的意思表示。

第二十二条 承诺应当以通知的方式做出,但根据交易习惯或者要约表明可以通过行为做出承诺的除外。

第二十三条 承诺应当在要约确定的期限内到达要约人。

要约没有确定承诺期限的,承诺应当依照下列规定到达:

(一)要约以对话方式做出的,应当即时做出承诺,但当事人另有约定的除外;

(二)要约以非对话方式做出的,承诺应当在合理期限内到达。

第二十四条 要约以信件或者电报做出的,承诺期限自信件载明的日期或者电报交发之日开始计算。信件未载明日期的,自投寄该信件的邮戳日期开始计算。要约以电话、传真等快速通讯方式做出的,承诺期限自要约到达受要约人时开始计算。

第二十五条 承诺生效时合同成立。

第二十六条 承诺通知到达要约人时生效。承诺不需要通知的,根据交易习惯或者要约的要求做出承诺的行为时生效。

采用数据电文形式订立合同的,承诺到达的时间适用本法第十六条第二款的规定。

第二十七条 承诺可以撤回。撤回承诺的通知应当在承诺通知到达要约人之前或者与承诺通知同时到达要约人。

第二十八条 受要约人超过承诺期限发出承诺的,除要约人及时通知受要约人该承诺有效的以外,为新要约。

第二十九条 受要约人在承诺期限内发出承诺,按照通常情形能够及时到达要约人,但因其他原因承诺到达要约人时超过承诺期限的,除要约人及时通知受要约人因承诺超过期限不接受该承诺的以外,该承诺有效。

第三十条 承诺的内容应当与要约的内容一致。受要约人对要约的内容做出实质性变更的,为新要约。有关合同标的、数量、质量、价款或者报酬、履行期限、履行地点和方式、违约责任和解决争议方法等的变更,是对要约内容的实质性变更。

第三十一条 承诺对要约的内容做出非实质性变更的,除要约人及时表示反对或者要约表明承诺不得对要约的内容做出任何变更的以外,该承诺有效,合同的内容以承诺的内容为准。

第三十二条 当事人采用合同书形式订立合同的,自双方当事人签字或者盖章时合同成立。

第三十三条 当事人采用信件、数据电文等形式订立合同的,可以在合同成立之前要求签订确认书。签订确认书时合同成立。

第三十四条 承诺生效的地点为合同成立的地点。

采用数据电文形式订立合同的,收件人的主营业地为合同成立的地点;没有主营业地的,其经常居住地为合同成立的地点。当事人另有约定的,按照其约定。

第三十五条 当事人采用合同书形式订立合同的,双方当事人签字或者盖章的地点为合同成立的地点。

第三十六条 法律、行政法规规定或者当事人约定采用书面形式订立合同,当事人未采用书面形式但一方已经履行主要义务,对方接受的,该合同成立。

第三十七条 采用合同书形式订立合同,在签字或者盖章之前,当事人一方已经履行主要义务,对方接受的,该合同成立。

第三十八条　国家根据需要下达指令性任务或者国家订货任务的，有关法人、其他组织之间应当依照有关法律、行政法规规定的权利和义务订立合同。

第三十九条　采用格式条款订立合同的，提供格式条款的一方应当遵循公平原则确定当事人之间的权利和义务，并采取合理的方式提请对方注意免除或者限制其责任的条款，按照对方的要求，对该条款予以说明。

格式条款是当事人为了重复使用而预先拟定，并在订立合同时未与对方协商的条款。

第四十条　格式条款具有本法第五十二条和第五十三条规定情形的，或者提供格式条款一方免除其责任、加重对方责任、排除对方主要权利的，该条款无效。

第四十一条　对格式条款的理解发生争议的，应当按照通常理解予以解释。对格式条款有两种以上解释的，应当做出不利于提供格式条款一方的解释。格式条款和非格式条款不一致的，应当采用非格式条款。

第四十二条　当事人在订立合同过程中有下列情形之一，给对方造成损失的，应当承担损害赔偿责任：

（一）假借订立合同，恶意进行磋商；

（二）故意隐瞒与订立合同有关的重要事实或者提供虚假情况；

（三）有其他违背诚实信用原则的行为。

第四十三条　当事人在订立合同过程中知悉的商业秘密，无论合同是否成立，不得泄露或者不正当地使用。泄露或者不正当地使用该商业秘密给对方造成损失的，应当承担损害赔偿责任。

中华人民共和国担保法

第四十一条　当事人以本法第四十二条规定的财产抵押的，应当办理抵押物登记，抵押合同自登记之日起生效。

第七十八条　以依法可以转让的股票出质的，出质人与质权人应当订立书面合同，并向证券登记机构办理出质登记。质押合同自登记之日起生效。

以有限责任公司的股份出质的，适用公司法股份转让的有关规定。质押合同自股份出质记载于股东名册之日起生效。

第七十九条　以依法可以转让的商标专用权，专利权、著作权中的财产权出质的，出质人与质权人应当订立书面合同，并向其管理部门办理出质登记。质押合同自登记之日起生效。

城市房地产管理法

第三十九条 以划拨方式取得土地使用权的,转让房地产时,应当按照国务院规定,报有批准权的人民政府审批。

中外合作经营企业法

第五条 申请设立合作企业,应当将中外合作者签订的协议、合同、章程等文件报国务院对外经济贸易主管部门或者国务院授权的部门和地方政府审查批准。

中外合资经营企业法

第三条 合营各方签订的合营协议、合同、章程,应报国家对外经济贸易主管部门审查批准。

【扩展阅读】

"买房送女友"广告语是否涉嫌欺诈[①]

2013年6月,应龙房地产开发公司打出广告语"买房送女友",李宇看到该广告后即携款到该公司看房,在签订房屋买卖合同前,李宇向公司售楼人员询问如何兑现"买房送女友",公司售楼人员称,"买房送女友"的意思是买房后将房子送给女友,李宇认为该房地产公司涉嫌欺诈,故要求该房地产公司赔偿其损失。

对于应龙房地产开发公司打出的该广告语是否系欺诈,有两种不同观点:第一种观点认为,该广告语仅是要约邀请而非要约,故应龙房地产开发公司不构成欺诈。第二种观点认为,该房地产开发公司的行为构成欺诈。

显然,第一种观点是正确的。理由如下:

此案认定的关键在于,分清"要约"与"要约邀请"两者的区别。根据我国《合同法》第14条规定的"要约是希望和他人订立合同的意思表示,该意思表示应当符合下列规定:(一)内容具体确定;(二)表明经受要约人承诺,要约人即受该意思表示约束",第15条规定的"要约邀请是希望他人向自己发出要约的

①盛奎伟:《"买房送女友"广告语是否涉嫌欺诈》,http://www.chinacourt.org/article/detail/2014/01/id/1208453.shtml

意思表示。寄送的价目表、拍卖公告、招标公告、招股说明书、商业广告等为要约邀请。商业广告的内容符合要约规定的,视为要约"可知,本案中应龙房地产开发有限公司打出的"买房送女友"广告是商业广告,商业广告一般是要约邀请,并不排除构成要约的情形,但该广告语只是应龙房地产开发公司为吸引购房者,增加缔约机会而做出的行为而已,其真实目的系希望购房者向其发出要约,而非要受该广告语的约束,该广告语并不符合要约的构成要件,因此也就不存在欺诈。

此外,李宇与应龙房地产开发公司在签订合同之前,公司售楼人员即对广告语的真实意思向李宇做出了释明,因此,应龙房地产开发公司并不存在欺诈行为。

第三单元　怎样确定合同的效力

——合同的生效要件

【精讲精析】

一、合同的效力

合同作为人与人之间最重要的契约,有着非常重要的意义和作用。合同是否生效关系到我们的合法权益能否得到相应的法律保障。只有生效的合同才能保障我们所应享受到的权益。

既然合同的效力如此重要,那么什么是合同的效力呢?合同的效力是指根据相关法律已经成立的合同,对签订合同的双方当事人都具有的法律约束力。这种约束力是合同赋予双方当事人的,具体体现为权利和义务两个方面。

从权利方面而言,合同双方当事人依据相应的法律规定和所签订的合同内容应当受到法律的保护。由于合同的多样性,具体享有的权利也有所不同,如在可撤销的合同中,债权人享有撤销权、变更权;在效力待定的合同中,权利人享有追认权、否认权,相对人有催告权、撤回权。

从义务方面而言,合同双方当事人也应按照约定,全面履行自己的义务。法律对此义务有强制性,如若不履行相应的义务,是对法律的违背,从本质上讲,是一种违法行为,更是一种违约行为,这种行为必然会受到法律的惩罚。例如,合同中违约金的规定,合同无效或被撤销后的赔偿责任,都是对不承担相应的合同义务而受到的惩罚。

二、合同成立与合同生效

合同双方当事人签订合同的主要目的,就是要使合同产生法律的约束力,以保障自己的权益。在通常情况下,合同的成立与合同的生效都是紧密联系在一起的。然而，也存在着例外，即在某种情况下，合同成立并非就是合同生效，究竟是什么原因导致合同已然成立但是不能生效呢？

一般而言，合同自成立之日起便具有法律效力。我国《合同法》第44条规定："依法成立的合同，自成立时生效。"正是因为如此，人们容易产生一个认识上的误区，认为只要是成立的合同便是有效的合同，便能得到法律的保障。这种认识是错误的。一个合同的成立并不等于该合同当然具有法律效力。合同的成立是指双方当事人通过缔约过程，最终达成意思一致。只要合同双方当事人依据合同的主要条款达成合意，就意味着合同成立。可是合同的成立只是解决了当事人之间是否存在合意的问题，并没有解决合同是否能受到法律保护的问题。换句话说，即使合同已经成立，如果没有法律规定的生效条件，是不可能受到法律保护的。

法律规定合同的生效条件可归结为四点：

(一)当事人必须具有相应的民事行为能力

由于任何合同都是以当事人的意思表示为基础，并且以产生一定的法律效果为目的，所以，当事人必须具备正确理解自己行为的性质和后果，独立地表达自己的意思能力，也就是其必须要具备签订合同相应的民事行为能力。如果当事人不能独立地表达自己的意思，即使签订了合同也会遭受损失。这不利于保护当事人的合法权益，也不利于维护社会正常经济秩序。因此，法律规定当事人必须具有相应的民事行为能力是非常必要的。

根据我国《民法通则》的规定，10周岁以下的未成年人和完全不能辨认自己行为的精神病人为无民事行为能力人；10周岁以上的未成年人和不能完全辨别自己行为的精神病人是限制民事行为能力人。因为他们不能完全地理解并预见自己行为的后果，所以他们在实施一些民事活动的时候需征得其法定代理人的同意或者由法定代理人代为执行。例如，甲自小被医生诊断为智障者，不能完全辨认自己的行为。而甲父死后为其留下一处房产，乙明知甲为智障者，仍与其签订了一份房屋买卖合同，房价低于市价好几倍。该合同便为无效合同，因为甲是限制民事行为能力人，其缺乏正确的认识能力和判断能力，不能完全理解自己的行为后果。无民事行为能力人或者限制民事行为能力人所从事的民事活动必须由其法定代理同意方可实施。

(二)双方当事人的意思表示真实

所谓意思表示，就是指当事人将自己的意愿表达出来的行为。而意思表示真实，是指当事人表示的内心的意思是真实的。由于合同在本质上是当事人之间的一种合意,这种合意符合法律规定,产生法律的约束力,法律给予这种合意以法律保护。在大多数情况下,当事人内心的意思表示与自己的行为是一致的,也就是意思表示真实,但是也会存在一些可能性导致内心的真实意思与行为的表示不一致,这种情况被称为“非真实的意思表示”。“非真实的意思表示”产生的原因有很多种,比如一方当事人欺骗他人,致使对方陷入错误而订立合同;又或者一方当事人以将来要发生的损害加以威胁,使对方由于产生恐惧而订立合同。这种“非真实的意思表示”由于缺乏当事人之间的合意,订立的合同便是没有效力的。

(三)合同内容不违反法律和社会公共利益

合同之所以能受到法律的保护,不仅在于合同是双方当事人的合意,更在于双方当事人的合意必须符合法律的规定。对于合法的合同,法律给予保护,对于不合法的合同,显然不能受到法律的保护。在法律的规定中,有“应当、不得、必须”的表述,也有“可以”的表述,我们将前者称为法律强制性的规定,将后者称为任意性的规定。对强制性的规定,当事人必须遵守,违反了强制性的规定便是违法甚至犯罪。而对于任意性规定,当事人可以协商,体现了意思自治。而我们之前讲到的合同内容不违反法律,便是指不违反法律的强制性规定。

合同不仅应该符合法律的规定,也不得违反社会公共利益。对于在表面上虽然没有违反当下立法的规定,但实质上却损害了全体人民的共同利益、破坏了正常的社会经济生活秩序的行为,都应该认为违反了社会公共利益。维护社会公共利益,可以弥补当下立法对相关问题的规范不足,同时维护了社会公共道德。

(四)合同必须具备法律所要求的形式

合同是双方当事人合意的一种体现,这种体现应该具有相应的体现方式。合同作为一种民事行为,可以采用书面、口头或者其他法律规定的形式。对于很多种形式的合同,为了避免以后产生纠纷,通常都会采用书面形式。但是,法律并没有规定采用口头形式订立的合同就是无效的。这种不限定所采用的形式的合同,我们称为不要式合同。法律规定必须是特定形式的合同,称为要式合同。而法律真正规定必须具备相应的形式否则便不生效的合同并不多见,房屋买卖合同便是其中之一。我国《城市房地产管理法》第40条规定,房地产转让,应当签订书面转让合同,我国《城市房地产开发经营管理条例》第28条规定,商品房销售,当事人双方应当签订书面合同。这些规定都是认定房屋买卖合同应当采用书面形式的法律依据。如若没有相应的要求形式,合同的效力便会受到影响。

具备了以上四点的合同,才会受到法律的保护。所以说,合同的成立并不等于合同的生效,合同的生效有着法律的严格要求。

三、无效合同、可撤销合同、效力待定合同

一份合同的成立,如果是生效的,便受到法律保护,但是在现实生活中,由于各种复杂的原因,致使合同的效力会产生多种多样的形态,如无效的、可撤销的、效力待定的合同等。

(一)无效合同

我国《合同法》第52条规定,无效合同的种类有:(1)一方以欺诈、胁迫的手段而订立的损害国家利益的合同;(2)恶意串通,损害国家、集体或者第三人利益的合同;(3)以合法形式掩盖非法目的合同;(4)损害社会公共利益的合同;(5)违反法律、行政法规的强制性规定的合同。这样把具体的无效合同种类罗列出来,更加明了、具体。

无效合同是相对有效合同而言的,最典型的是违反合同的四点生效要件的合同。无效合同由于其具有违法性,从根本上不符合国家意志,因此国家对此类合同实行干预,这种干预主要体现在法院或者仲裁机构可以主动地审查合同是否有效从而进行判定上。无效合同也因为其根本的违法性,从合同成立之日起便无效。

(二)可撤销合同

可撤销合同是指当事人在订立合同时,因意思表示不真实,法律允许撤销权人通过行使撤销权而使已经生效的合同归于无效。可撤销合同主要是意思表示不真实的合同。意思表示不真实,也不符合合同生效要件的规定,但当事人订立这些合同时可能并没有故意违反法律、行政法规的强制性规定以及社会公共利益,因此法律对于此类合同给予一定的保护,并没有直接认定该类合同无效。我国《民法通则》称这类合同为可撤销合同。也就是说,对这类合同,撤销权人有权请求予以撤销,也可以不要求撤销而仅要求变更,如适当的调整价格、质量、交货地点等。根据我国《合同法》的规定,将可撤销的合同分为以下几类:

1.当事人因重大误解订立的合同

重大误解,是指一方因自己的过错而对合同的主要内容等发生误解,该误解直接影响到当事人所应享有的权利和承担的义务。对于因重大误解而订立的合同,法律给予误解一方以撤销权,使误解方可以通过撤销使合同无效而维护自己

的权益。同时，法律也要求重大误解中的误解是由误解方自己的过失造成的，而不是因为受他人的欺骗或者不正当影响造成的。例如，甲将自家的古董花瓶当作一般花瓶卖给乙，这里甲便是由于自己的过失与乙产生了因重大误解而订立的买卖合同。如果是乙欺骗甲，让甲误以为自己的古董花瓶只是一般花瓶卖给乙，则不属于因重大误解而订立的合同，而是属于因欺诈而订立的合同。

2.当事人订立的显失公平的合同

显失公平的合同是指一方当事人在订立合同时，因情况紧急或者缺乏经验而订立的明显对自己有重大不利的合同。显失公平的合同往往体现为当事人双方的权利和义务极不对等、经济利益上不平衡，这样的情况违背了合同所要求的公平合理原则。但是，法律对显失公平的合同也有规定，并不是所有看起来似乎不公平的合同都是显失公平的合同。显失公平的合同，首先，要存在明显的不公平，一方承担很多的义务却只能享受很少的权利，而另一方则获得很多的利益；其次，要求获得利益的一方所获利益超过法律所允许的限度，如某合同中产品的价格远远高于市场上同类产品的价格；最后，要求受害的一方在订立合同时缺乏经验或者情况紧迫。对于欠缺经验，通常指的是一般生活经验或者交易经验，对于特殊经验则不属于欠缺经验的范畴。例如，在买汽车之前一定要了解汽车性能等信息，才进行购买，不能以这类经验具有特殊性、自己不了解而认为合同显失公平。情况紧迫是因为某种急需或者其他的急迫情况而接受了对方提出的条件，并不是出于自愿，这种情况也违背了合同的公平正义原则，因此也属于显失公平的情形。

3.欺诈、胁迫订立的无损国家利益的合同

因欺诈、胁迫订立的有损国家利益的合同是无效的合同。法律根据危害后果和意思自治原则，将欺诈、胁迫无损国家利益的合同认定为可撤销合同。被欺诈人、被胁迫人可以根据自己的意愿来判断是否将此合同撤销，这样给了被欺诈人、被胁迫人更多的选择机会，有利于对其权益进行保护。

4.乘人之危的合同

所谓乘人之危，是指行为人利用他人的危难处境或者紧迫需要，强迫对方接受某种明显不公平的条件并做出违背其真实意思表示。比如，出租车司机借抢救危重病人急需坐车的时机，随意提高车价，就属于乘人之危的行为。乘人之危的行为，往往使受害人被迫接受对自己十分不利的条件，明显违背了公平原则。因此，法律给予受害方决定是否撤销该合同的权利。如果受害方承认该合同，可以提出变更合同的某些条款，如降低价格等；如果受害方虽认为对方有乘人之危的行为，但愿意接受合同，也可以使合同有效；如果受害人不愿意保持合同的效力，则可以要求撤销该合同。

（三）效力待定的合同

有些合同可能因为其不满足生效要件，但是又由于其不属于实质性违法，法律本着当事人意思自治的原则，给予当事人一定的决定权利，合同能否生效取决于真正有权利决定的人是否表示承认。这类合同便成为效力待定合同。效力待定的合同主要表现为：

1.限制民事行为能力人不能独立订立的合同

根据我国《民法通则》的规定，限制民事行为能力人是指是10周岁以上不满18周岁的未成年人和不能完全辨认自己行为的精神病人。限制民事行为能力人由于其年龄、智力和健康状况等因素的影响，不能明确认识自己的行为。在这种情形下，订立与自己年龄、智力、健康状况等不相符的合同，便属于超出民事行为能力范围而实施的合同行为，此种情形需其法定代理人代理或者在征得其法定代理人同意后实施。

2.表见代理外欠缺代理权而订立的合同

代理权是能够进行代理并使行为的效力直接归属于被代理人的权限。无权代理是指代理人欠缺代理权，在根本没有得到授权或者超越代理权范围以及在代理权被消灭后，以被代理人的名义实施的代理行为。比如，代理人得到的代理权限是采购男装，但其认为女装好看，擅自决定采购女装，这样的代理行为是超出代理权的，因此是无权代理。无权代理由于代理人的代理行为并不一定对被代理人不利，因此，被代理人有权对无权代理下所代理的内容进行追认或者否认。在未经被代理人追认或者否认的情况下的代理合同就是效力待定合同。

但是，为了保护无权代理下合同的相对人，法律也做出了一定的规定，具体就体现在表见代理上。所谓表见代理，是指在无权代理的大前提下，如果善意的相对人客观上有正当理由相信无权代理人具有代理权，无权代理人实施订立合同等行为的法律效果由被代理人承担。这也是从有利于维护交易秩序而出发的。在现实生活中，表见代理主要表现为无权代理人持盖有被代理人或者被代理公司印章的合同，从而与他人订立合同，使他人有足够理由相信无权代理人有代理权。

3.当事人无权处分他人财产而订立的合同

无权处分合同，是指没有处分权的人处分他人的财产，与合同相对人订立转让财产等的合同。例如,甲将自己的电脑借给乙使用,乙却将电脑非法卖给丙,故乙、丙之间订立的买卖电脑的合同显然就属于无权处分合同。此无权处分行为实际上就是在未获得他人授权的情况下处分他人财产的行为,构成了对权利人的侵害,法律允许权利人进行追认,从而充分尊重了权利人的意志和利益。如果权利人认为该处分行为对其有利,可以对无权处分行为做出追认,如果其认为该行为对其不利,便可以拒绝追认,否定该行为的效力,从而保护自己的权益。

效力待定合同与无效合同、可撤销合同的区别主要在于行为人并没用违反法律的强制性规定和社会公共利益,且并非因为意思表示不真实,而是由于当事人缺乏缔约能力、订立合同的资格及处分能力所造成的。因此,法律相对给予合同的权利人更多的保护,可以通过追认、同意等行为确定合同的效力。

四、合同无效或被撤销的法律后果

合同无效或被撤销后,当事人之间的合同关系便不复存在,原合同对当事人不再具有任何拘束力,当事人自然不能基于原合同主张权利或者享受利益。我国法律规定,合同被确认无效或被撤销后,自合同成立之日起就是无效的,而不是从确认合同无效之日起无效。

(一)返还财产

返还财产是指合同一方当事人在合同被确认无效或被撤销后,对其已交付给对方的财产享有返还请求权,而已接受交付财产的另一方当事人则负有返还对方财产的义务。其依据是:合同无效或被撤销后,双方当事人之间就不存在合同关系了,自然应使双方当事人的财产状况恢复到订立合同前的状态。返还财产旨在使财产关系恢复到合同订立前的状态。当然,如果合同虽然订立,但是财产尚未交付,则不适用返还财产这一规定。

(二)折价补偿

虽然法律有返还财产的规定,但是在现实生活中,会存在很多种情况致使原物不能返还。例如,购买的木材已经制作成了家具,建筑材料已经被建成了大楼;又或者所购买的机器已经被安装,如果要返还则要拆卸,因此将要遭受极大的损失。针对这种现实情况的出现,法律做出了折价补偿的规定。同时,折价补偿必须依照该物当时的市价折价。

(三)赔偿损失

合同被确认无效或被撤销以后,也将产生损害赔偿的责任。这种赔偿的请求权是基于因对方的过错而遭受的损失,非过错方因为信赖合同将会有效而支付了各种订约和履行的费用，当合同因过错方的过错而归于无效时，这些费用便得不到补偿，所以基于法律公平原则，权利人有权要求过错方赔偿损失。当然，赔偿的数额也是有范围的，主要是限于因信赖该合同有效而支付的各种订约和履行的费用，而不包括合同在有效的情况下获得的可以期待得到的利益。例如，甲公司与乙公司签订牛肉的买卖合同，如果甲公司能顺利买到乙公司的牛肉，则会赚取数倍的经济利润，但后因为乙公司的过错导致合同被撤销，这时，甲公司只能请求乙公司赔偿其因签订合同时的费用和履行的费用，而不能要求乙公司赔偿其出售牛肉可以获得的经济利润。

是否存在赔偿责任主要取决于是否存在过错，过错是合同无效或者被撤销的赔偿责任的重要构成要件。如果是单方过错，则由有过错的一方向没有过错的一方承担与其过错相当的给他人造成的损失；如果是双方过错，则应当根据双方的过错程度来确定相应的赔偿责任，过错大的一方承担更多的赔偿责任。

【典型案例（一）】

刘某依法行使撤销权案

原告刘某是某公司股东，占全部股份的27%。2003年4月28日，刘某与金某签订400万元股权转让协议。因金某未支付转让款，刘某于2003年7月22日向法院提起诉讼，要求金某支付250万转让款。在负有债务未清偿的情况下，2003年7月17日，金某与其女儿金小某签订两份上海市房地产买卖合同，金某将上海市中山北路98.86平方米以及共和新路64.65平方米房屋共两套，分别以每平方米3034.60元、每平方米2505.80元的价格转让给金小某。然而，当时这两套房屋价格每平方米分别为5743元、4971元。2003年10月20日，刘某向法院起诉，要求撤销金某与金小某之间转让两套房屋的合同。

人民法院审理后认为，金某在对外负有债务的情况下，仍故意将房屋转让，并已实际造成债务履行不能，损害了刘某的债权。刘某要求撤销转让合同，符合法律与事实，可予准许。

【以案说法（一）】

金某的行为侵害了刘某的什么权利？其与金小某签订的房屋买卖合同有

没有法律效力?为什么可以被刘某请求撤销?

本案中,金某的行为侵害了刘某的债权。在刘某未行使撤销权之前,金某与金小某签订的房屋买卖合同是有效的,但是由于金某与金小某签订的房屋买卖合同危害了债权人刘某的合法权益,因此,在刘某所享有的债权金额范围内是可以撤销的。在债务合同中,当债务人恶意逃欠债权人的相应借款,非法处分财产时,债权人则享有撤销权用以撤销债务人非法处分自己财产的行为,以达到保护自己合法权益的目的。本案中,债务人金某在没有还债权人刘某的钱的情况下,恶意并低价转让自己的资产,使自己不能发行债务,给刘某造成非常大的经济损失。刘某作为债权人,行使了撤销权,撤销了金某非法处分两套房屋的行为,维护了自己的合法权益。

【典型案例(二)】

乙厂与丙公司签订的抵押合同是否有效?

乙木器厂因欠丙贸易公司货款,用本厂木材向丙公司做出抵押,订立了抵押合同,但未办理抵押登记手续。此时,有A公司和乙厂洽谈,订立了一份加工家具的合同。合同成立后,乙厂即用与丙公司签订抵押合同中的木材作为加工原料加工此家具。乙厂按期完成订单后,通知A公司取货并付款。就在这时,丙公司得知乙厂与A公司之间的合同,遂告知A公司制作家具的木材已抵押给丙公司。A公司知晓后便通知乙厂提供担保,并停止付款。而乙厂则认为木材抵押,与A公司无关,坚持要求A公司提货付款,在协商没有达成一致后,诉至法院。

法院经审理后认为,乙厂和丙公司之间的抵押合同成立,但是不具备法律效力。因此A公司不应该以木材已抵押为理由拒绝提货付款。遂判决A公司支付所欠乙厂的货款。

【以案说法(二)】

乙厂与丙公司签订的合同是否成立?为什么不具有法律效力?

根据我国《担保法》第42条第5项的规定,以企业的设备和其他动产抵押的,应当到财产所在地的工商行政管理部门进行登记。《担保法》第41条规定,办理抵押物登记后，抵押合同自登记之日起生效。在本案中，乙厂虽然与丙公司达成了抵押木材的合意，订立了抵押合同，应认定该抵押合同已经成立，但是根据我国法律的强制性规定，企业以动产做抵押的，必须要办理登记。由于乙丙两方当事人没有办理抵押登记，该合同则由于未办理登记手续而未生效。

【典型案例(三)】

违法的免责条款自始无效

农村青年小王前往福建某煤矿打工。报名时，矿方以煤矿已承包给工头为由，要求小王与工头签订合同。而工头在合同中规定，工头每个月支付60元的危险补贴，由小王自己解决劳动防护用品。如果小王在工作期间出现人身伤亡，工头以及矿方概不负责。当时小王急于上班，便在合同上签下了自己的名字。没料到，6个月后，小王在一次塌陷事故中死亡。小王的家属找到工头及矿方，要求他们承担丧葬费，并赔偿经济损失。但工头及矿方认为他们不承担任何责任，理由是小王上班时已经知道煤矿工作的危险性，并且每月都领取了危险补贴。同时，合同上也明确规定，如果工人在工作期间出现人身伤亡，矿方及工头概不负责。小王的家属诉至法院。

法院经审理后认为，矿方及工头与小王签订的合同违反了法律、行政法规的强制性规定，用人方逃避了本该由其承担的法律责任，因而是无效的合同。因此，对于小王发生的伤亡事故，必须按照国家的有关规定承担丧葬费和死亡补偿费。

【以案说法(三)】

小王与矿方及工头所签订的合同中，涉及工作期间出现人身伤亡时矿方及工头概不负责的条款是否有效？依据是什么？该条款是一种什么条款？

在本案中，小王与矿方及工头的确签订了包括在工作期间出现人身伤亡，矿方及工头概不负责等内容的合同，但是这种合同的内容与我国的《劳动法》及《合同法》中的相关规定相违背。我国《劳动法》明确规定，企业与国家之间签订的劳动合同必须建立在国家的法律、法规基础之上，与国家的法律、法规相违背的“合同”均为无效合同。根据我国《合同法》的规定，损害社会公共利益的合同无效。本案中,矿方及工头为了逃避自己的责任而拟定的合同,违反了法律的强制性规定,损害了社会公共利益,因而是无效的。矿方及工头与小王签订的包括出现人身伤亡其不负责任的条款属于一种免责条款,但是由于该免责条款无法可依,是无效的免责条款,不发生法律效力。

【典型案例(四)】

迟某诉安徽某实业公司购车合同案

2004年4月,迟某和安徽某实业公司签订购车合同,约定迟某购买某公司解放牌自卸车一辆,发动机号为50371254,价款为23万余元,首付款9万余元,余款14万余元按每月支付3900元而分期支付,迟某缴纳履约保证金1万余元。同年5月,迟某因车辆出现故障到苏州维护,发现该车发动机号为50454337,而不是合同约定、行驶证和机动车详细信息载明的发动机号50371254。迟某查实某实业公司曾将该车出售给他人,因发动机质量问题被退回,某公司重新入户后更换了发动机出售给迟某。迟某诉至法院要求某实业公司返还购车款23万余元,赔偿损失33万余元。

法院经审理后认为,被告某公司故意隐瞒事实,对原告迟某购车欺诈,原告有权要求撤销合同。原告购车是用于货物运输,不是用于生活消费,故原告双倍赔偿的诉讼请求不予支持。法院最终判决被告返还原告购车款及赔偿各项损失共计16万余元,原告返还被告车辆。

【以案说法(四)】

本案中,迟某与该实业公司签订的合同的效力如何?如果迟某与该实业公司签订的合同被撤销之后,两方之间的权利义务关系又该如何认定?

在本案中,迟某与某实业公司签订了购车合同,本着合同公平公正的原则,某实业公司本应该提供与合同签订内容相一致的产品,但是,某实业公司却将存在问题发动机的车卖给迟某,从《合同法》上讲,构成了一种欺诈行为。根据我国《合同法》的规定,欺诈、胁迫无损国家利益的合同是可撤销合同。鉴于合同是可撤销合同,迟某便完全可以主张撤销该份合同。同时,我国《合同法》也规定,对于合同无效或者被撤销后,一方或双方因该合同而取得财产的,应予以返还;对被害人构成损失的,应当赔偿损失。因此,本案中,某公司取得因购车取得的购车款应当予以返还,而迟某则返还车辆给该公司。而正如法院所认定的,该欺诈行为并没有对迟某构成损害,比如人身安全的危害,所以没有认定给迟某以损害赔偿。

【法条链接】

最高人民法院《关于贯彻执行〈中华人民共和国民法通则〉若干问题的意见(试行)》

71.行为人因为对行为的性质、对方当事人、标的物的品种、质量、规格和数量等的错误认识,使行为的后果与自己的意思相悖,并造成较大损失的,可以认定为重大误解。

中华人民共和国合同法

第四十四条 依法成立的合同,自成立时生效。

法律、行政法规规定应当办理批准、登记等手续生效的,依照其规定。

第四十五条 当事人对合同的效力可以约定附条件。附生效条件的合同,自条件成就时生效。附解除条件的合同,自条件成就时失效。

当事人为自己的利益不正当地阻止条件成就的,视为条件已成就;不正当地促成条件成就的,视为条件不成就。

第四十六条 当事人对合同的效力可以约定附期限。附生效期限的合同,自期限届至时生效。附终止期限的合同,自期限届满时失效。

第四十七条 限制民事行为能力人订立的合同,经法定代理人追认后,该合同有效,但纯获利益的合同或者与其年龄、智力、精神健康状况相适应而订立的合同,不必经法定代理人追认。

相对人可以催告法定代理人在一个月内予以追认。法定代理人未作表示的,视为拒绝追认。合同被追认之前,善意相对人有撤销的权利。撤销应当以通知的方式做出。

第四十八条 行为人没有代理权、超越代理权或者代理权终止后以被代理人名义订立的合同,未经被代理人追认,对被代理人不发生效力,由行为人承担责任。

相对人可以催告被代理人在一个月内予以追认。被代理人未作表示的,视为拒绝追认。合同被追认之前,善意相对人有撤销的权利。撤销应当以通知的方式做出。

第四十九条 行为人没有代理权、超越代理权或者代理权终止后以被代理人名义订立合同,相对人有理由相信行为人有代理权的,该代理行为有效。

第五十条 法人或者其他组织的法定代表人、负责人超越权限订立的合同,除相对人知道或者应当知道其超越权限的以外,该代表行为有效。

第五十一条 无处分权的人处分他人财产,经权利人追认或者无处分权的人订立合同后取得处分权的,该合同有效。

第五十二条 有下列情形之一的,合同无效:

(一)一方以欺诈、胁迫的手段订立合同,损害国家利益;

(二)恶意串通,损害国家、集体或者第三人利益;

(三)以合法形式掩盖非法目的;

(四)损害社会公共利益;

(五)违反法律、行政法规的强制性规定。

第五十三条 合同中的下列免责条款无效:

(一)造成对方人身伤害的;

(二)因故意或者重大过失造成对方财产损失的。

第五十四条 下列合同,当事人一方有权请求人民法院或者仲裁机构变更或者撤销:

(一)因重大误解订立的;

(二)在订立合同时显失公平的。

一方以欺诈、胁迫的手段或者乘人之危,使对方在违背真实意思的情况下订立的合同,受损害方有权请求人民法院或者仲裁机构变更或者撤销。

当事人请求变更的,人民法院或者仲裁机构不得撤销。

第五十五条 有下列情形之一的,撤销权消灭:

(一)具有撤销权的当事人自知道或者应当知道撤销事由之日起一年内没有行使撤销权;

(二)具有撤销权的当事人知道撤销事由后明确表示或者以自己的行为放弃撤销权。

第五十六条 无效的合同或者被撤销的合同自始没有法律约束力。合同部分无效,不影响其他部分效力的,其他部分仍然有效。

第五十七条 合同无效、被撤销或者终止的,不影响合同中独立存在的有关解决争议方法的条款的效力。

第五十八条　合同无效或者被撤销后,因该合同取得的财产,应当予以返还;不能返还或者没有必要返还的,应当折价补偿。有过错的一方应当赔偿对方因此所受到的损失,双方都有过错的,应当各自承担相应的责任。

第五十九条　当事人恶意串通,损害国家、集体或者第三人利益的,因此取得的财产收归国家所有或者返还集体、第三人。

【扩展阅读】

合同的成立与合同的生效

《合同法》在第二章规定了“合同的订立”,在第三章规定了“合同的效力”。

合同的成立与合同的生效是两个不同的范畴。合同的成立,指符合了成立要件时使当事人的合意成为合同,原则上只要有了当事人、意思表示和标的这三项要素,就可以成立合同。例外的是对于实践合同和要式合同的成立还需要物的交付或方式的履行。合同的生效,则指成立了的合同依当事人的意思表示的内容而发生效力。成立与生效,二者可以同时,也可以异时。

两者关系的具体表现形态可分为两种:

一种是同时发生。依法成立的合同,自成立时生效(《合同法》第44条第1款)。这是我国关于合同生效的一般规则。

一种是异时发生。合同虽然成立,但并不立即生效。例如如下情形:

1.需要办理批准、登记的合同法律、行政法规规定应当办理批准、登记等手续生效的,依照其规定(《合同法》第44条第2款)。对于这类合同,虽然已经成立,如未办理批准、登记等手续,尚不生效。

2.附生效条件的合同

当事人对合同的效力可以约定附条件。附生效条件的合同,自条件成就时生效(《合同法》第45条第1款)。此前合同虽然成立,但尚不生效。

3.附生效期限的合同

当事人对合同的效力可以约定附期限。附生效期限的合同,自期限届至时生效(《合同法》第46条)。

第四单元　怎样依法履行合同

——履行合同规定的义务

【精讲精析】

一、合同的履行

(一)合同履行的概念

合同履行,是指合同当事人双方依据合同条款的规定,实现各自享有的权利,并承担各自负有的义务。合同的履行从实质上来说,就是合同当事人在合同生效后,双方全面地、适当地完成合同义务的一种行为。

合同的履行是《合同法》的核心内容,也是合同当事人订立合同的根本目的。只有当事人双方在履行合同时,全面地、善始善终地履行各自承担的义务,才能使当事人双方的权利得以实现,从而为各社会组织及自然人之间的生产经营及其他交易活动的顺利进行创造良好的条件,从宏观上直接地或间接地促进我国社会主义市场经济的发展,保障国民经济发展计划的实现。因此,在一定意义上讲,合同的履行不仅仅是当事人双方的义务,也是当事人对国家和社会共同承担的义务。

(二)合同履行的原则

万物顺利发展都有一定的规范,合同的履行也不例外。如果要达到合同履行的最佳效果,就必须遵循一定的原则。如我国《合同法》第60条规定,当事人应当按照约定全面履行自己的义务。当事人应当遵循诚实信用原则,根据合同的性质、目的和交易习惯履行通知、协助、保密等义务。合同履行主要有以下几个原则:

1.实际履行原则

实际履行原则是指当事人按照合同规定的标的完成合同义务的原则。它要求在合同的实际履行中,要履行的标的不能用其他标的来代替原合同的标的,即对于有效成立的合同,其标的规定是什么,义务人就应当履行什么。从另一方面说,就是要实际履行标的,而不能轻易地以违约金或赔偿金代替履行标的。如果义务人不能按合同规定的标的给付,即使向对方偿付了违约金或赔偿金,也不能轻易免除其交付标的的义务。

2.诚实信用原则

合同履行中的诚实信用原则具体来说,包括了适当履行原则和协作履行原则。适当履行原则,又称正确履行原则或全面履行原则,是指当事人按照合同规定的标的及其质量、数量,由适当的主体在适当的履行期限、履行地点以适当的履行方式,全面完成合同义务的履行原则。而协作履行原则,是指当事人不仅适当履行自己的合同债务,而且应协助对方当事人履行债务的履行原则。双方达成合同的基础就是互相信任,在此基础上的合同履行需要双方进行互动,若只有债务人提供标的(即给付行为),债权人不予理会(即没有受领给付),合同的内容自然难以实现。不仅如此,在一些合同中,还需要债权人的积极协助,如在建设工程合同、技术开发合同、技术转让合同、提供服务合同等场合,债务人实施给付行为就需要债权人的积极配合,否则合同的内容将难以实现。因此,履行合同不仅是债务人的事,也是债权人的事,而协助履行往往是债权人的义务。只有双方当事人在合同履行过程中相互配合、相互协作,合同才会得到适当履行。

3.经济合理原则

经济合理原则要求在履行合同时,讲求经济效益,付出最小的成本,取得最佳的合同利益。合同的目的就是使双方当事人达到共赢的效果,在履行合同时,自然是成本越小、取得利益越大越好,比如债务人可以选择最经济合理的运输方式,选择履行合适的期限履行合同义务,选择最优的设备等等。同时,在履行合同时根据实际情况和市场变化也可以适当变更合同,对违约行为进行补救。这些规则都体现了经济合理原则。又如《民法通则》第114条规定:“当事人一方因另一方违反合同受到损失的,应当及时采取措施防止损失的扩大;没有及时采取措施致使损失扩大的,无权就扩大的损失要求赔偿。”

4.情事变更原则

情事变更原则,是指合同依法成立后,因不可归责于双方当事人的原因发生了不可预见的情事变更,致使合同的基础丧失或动摇,若继续维护合同原有效力则显失公平,从而允许变更或解除合同的原则。

情事变更原则往往体现在合同依法成立之时,有其信赖的客观环境,当事人在合同中约定的权利义务是与这种客观环境相适应的,权利义务的对等也是就该环境而言的。在合同成立之后,该客观环境随着各种原因发生改变或不复存在,原来约定的权利义务如与新形成的客观环境不适应时,也就不再公平合理了。只有将合同加以改变乃至解除,才符合公平,符合诚实信用原则的要求。

在学习过程中,很多人将情事变更与不可抗力区分不开,在此有必要区分一下:(1)客观表现不同。不可抗力表现为重大的自然灾害和社会事件。情事变更表现为社会经济环境的变化。(2)造成的影响不同。不可抗力造成合同履行困难或履行不能。情事变更能够履行。(3)适用的范围不同。不可抗力既可以适用于合同法,又可以适用于侵权法。情事变更不可适用于侵权法。(4)功能目的不同。不可抗力是法定的免责事由,是为了免除或减轻当事人的违约责任。情事变更是为了解决双方显失公平的问题。(5)权利的性质不同。不可抗力是形成权。情事变更是请求权。

二、双务合同履行中的抗辩权

双务合同指当事人双方互负对待给付义务的合同,现实生活中的合同大多数为双务合同,如买卖、租赁、承揽等,其中买卖合同是双务合同中的典型。

双务合同中的抗辩权是在合同履行过程中产生的。在符合法定条件时,当事人一方得以对抗另一方的履行请求权,起到暂时拒绝履行己方义务的作用。主要包括以下几种:

(一)同时履行抗辩权

同时履行抗辩权是指双方当事人在未约定谁先谁后履行顺序的双务合同中,当事人本应同时履行,因为当事人之间的给付具有对等关系或对应关系,而合同的当事人一方拥有在对方未为对待给付之前,有拒绝自己先履行的权利。其行使的条件是:在同一双务合同中互负债务;没有先后履行顺序;双方的债务均已届清偿期;对方有能力履行债务;对方未履行或者未按约定履行。

(二)先履行抗辩权

先履行抗辩权是指在双务合同中因为有合同约定或合同本身的性质等原因,使当事人履行他们之间的合同义务有先后履行的顺序,若后履行一方在先履行一方不履行合同义务前或发现先履行一方履行义务时有重大瑕疵的情况，后履行一方可以为了保护自己的合同利益，而拒绝先履行一方的履行要求。行使先履行抗辩权的主体是负有后履行义务的一方当事人。其行使的条件主要是：在同一双务合同中互负债务；有先后履行顺序；负有先履行义务的一方当事人有能力履行债务；先履行义务人不履行或者不按约定履行。

（三）不安抗辩权

不安抗辩权是指本来应当先履行债务的当事人，因为有确切证据能够证明对方当事人有无法确信履行能获益的行为，如经营状况严重恶化，转移财产、抽逃资金以逃避债务，丧失商业信誉，有丧失或者可能丧失履行债务能力的情形，可以中止履行义务。但如果当事人没有确切证据证明上述情形而又中止履行的，应当承担违约责任。以上情形构成预期重大违约时，先履行义务人可以根据《合同法》第94条的规定解除合同。

行使不安抗辩权的主体是负有先履行义务的一方当事人。其行使的条件是：在同一双务合同中互负债务；有先后履行顺序；有确切证据证明负有后履行义务的当事人的履行能力明显降低，有不能为对待给付义务的现实危险；先履行义务人不能仅自己中止履行，还应当及时通知对方（在对方能够提供适当担保的情形下，应当恢复其履行）；同时给对方合理的期限，让对方有时间进行履行能力的恢复或者有时间准备提供适当的担保。

三、合同的保全

合同保全制度，是指法律为防止因债务人财产的不当减少致使债权人债权的实现受到危害而设置的，保全债务人责任财产的法律制度。具体包括债权人代位权制度和债权人撤销权制度。《合同法》第73条、第74条、第75条规定了合同的保全制度。

其中，债权人的代位权着眼于债务人的消极行为，即当债务人有权利行使而不行使，以致影响到债权人权利的实现时，法律允许这时的债权人代债务人之位，以自己的名义向第三人行使债务人的权利。我国《合同法》第73条规定：“因债务人怠于行使其到期债权，对债权人造成损害的，债权人可以向人民法院请求以自己的名义代位行使债务人的债权，但该债权专属于债务人自身的除外。代位权的行使范围以债权人的债权为限。债权人行使代位权的必要费用，由债务人负担。”代位权主要特点有：代位权是债权人代替债务人向债务人的债务人(即次债务人)主张权利的行为,体现了债的对外效力,可以看作是合同相对性规则的例外;代位权是一种法定债权的权能,也就是说无论第三人是否约定,债权人都享有此种权能;代位权是债权人以自己的名义行使债务人的权利;代位权在内容上并不是对于债务人和第三人的请求权,而是债权人为了保全债权,而代替债务人行使债务人的权利,而且不能就收取的债务人的财产优先受偿。

而债权人的撤销权则着眼于债务人的积极行为,即当债务人在不履行其债务的情况下,实施减少其财产而损害债权人债权实现的行为时,法律赋予债权人有请求法院撤销债务人所为的行为的权利。撤销对象为可变更、可撤销行为的撤销权的主要依据是:《民法通则》第59条规定:“下列民事行为,一方有权请求人民法院或者仲裁机关予以变更或者撤销:(一)行为人对行为内容有重大误解的;(二)显失公平的。被撤销的民事行为从行为开始起无效。”《合同法》第54条规定了可撤销合同的情形:“下列合同,当事人一方有权请求人民法院或者仲裁机构变更或者撤销:(一)因重大误解订立的;(二)在订立合同时显失公平的。一方以欺诈、胁迫的手段或者乘人之危,是对方在违背真实意思的情况下订立的合同,受损害方有权请求人民法院或者仲裁机构变更或者撤销。当事人请求变更的,人民法院或者仲裁机构不得撤销。”.

四、合同漏洞的填补规则

我国《合同法》第12条列出了合同一般包括的条款,也允许当事人参照各类合同的示范文本订立合同。订立一个具体、明确、当事人都无异议的合同是合同履行的关键和前提,也是人民法院审理合同纠纷的直接证据。但是,在实践中,由于各种原因,当事人应当约定的条款而未做约定或者约定不明确的情况时有发生。其产生的原因可分为:一是当事人对某些合同条款未做意思表示而疏漏;二是当事人虽有约定但不明确;三是当事人约定某些条款在合同订立后另行约定;四是合同的某些条款因违法而被确认无效或被撤销。约定不明合同的存在,势必给当事人履行造成困难,但为了鼓励交易、节约交易成本,应当尽量对其予以补充,并使合同具有可履行性。

根据《合同法》第61条、第62条之规定,约定不明合同的履行原则如下:

(一)当事人协议补充原则

所谓当事人协议补充原则,是指当事人对没有约定或者约定不明确的合同内容通过协商的办法订立补充协议,使合同具体化和明确化,并与原合同共同构成一份完整的合同。当事人协议补充原则源于我国《合同法》第61条所规定的“合同生效后，当事人就质量、价款或者报酬、履行地点等内容没有约定或者约定不明确的，可以协议补充”。

（二）按照合同的相关条款或形成的交易习惯确定原则

约定不明合同在履行中形成纷争时，首先应当适用当事人协议补充原则。当不能达成补充协议时，应按我国《合同法》第61条“按照合同有关条款或者交易习惯确定”的原则进行。

按照合同有关条款确定原则，是指在合同当事人就没有约定或者约定不明确的合同内容不能达成补充协议时，结合合同的其他方面的内容加以确定，使合同具体化和明确化。因为合同是一个整体，当事人就某一具体条款明确规定，但在其他条款中涉及这一问题时，就可以按照该条款加以确定。

按照交易习惯确定原则，是指在合同当事人就没有约定或约定不明确的合同内容不能达成补充协议时，按照人们在同样的交易中通常采用的合同内容加以确定，使合同具体化和明确化。无论在国内交易中，还是在国际交易中，都已形成了许多交易习惯。这些交易习惯可以用来补充当事人合同的内容。

（三）法定补充原则

当事人就有关合同内容约定不明确，在适用当事人协商补充原则、按照合同有关条款确定原则、按照交易习惯确定原则仍不能确定时，就应当适用法定补充原则。法定补充原则，又称合同的补缺规则，是指法律规定的，适用主要条款欠缺或合同条款约定不明确，但并不影响其效力的合同，以弥补当事人所欠缺或未明确表示的意思，使合同内容合理、确定、便于履行的法律条款。

法庭补充原则具体规定在我国《合同法》第62条。当事人就有关合同内容约定不明确，依照本法第61条的规定仍不能确定的，适用下列规定：(1)质量要求不明确的，按照国家标准、行业标准履行；没有国家标准、行业标准的，按照通常标准或者符合合同目的的特定标准履行。(2)价款或者报酬不明确的，按照订立合同时履行地的市场价格履行；依法应当执行政府定价或者政府指导价的，按照规定履行。(3)履行地点不明确的，给付货币的，在接受货币一方所在地履行；交付不动产的，在不动产所在地履行；其他标的，在履行义务一方所在地履行。(4)履行期限不明确的，债务人可以随时履行，债权人也可以随时请求履行，但应当给对方必要的准备时间。(5)履行方式不明确的，按照有利于实现合同目的的方式履行。(6)履行费用的负担不明确的，由履行义务一方负担。该条之规定，即法定补充原则的法律根据。法定补充原则是在长期经济活动中形成的法律原则,也是对商业惯例和经济活动一般准则的确认。

五、合同的变更与转让

(一)合同变更

合同变更指当事人约定的合同的内容发生变化和更改,即权利和义务变化的民事法律行为。合同的变更分为广义上的合同变更和狭义上的合同变更。广义上的合同变更包括合同主体的变更和合同内容的变更,狭义上的合同变更仅指合同内容的变更。除有特别说明外,合同变更一般指狭义上的合同变更,即在合同主体保持不变的情况下内容发生变化。

合同变更通常有以下特征:第一,合同的当事人保持不变,合同有效成立后,合同内容发生变化,可表现为合同标的物的数量或质量、规格、价款数额或计算方法、履行时间、履行地点、履行方式等合同内容的某一项或数项发生变化(如标的物数量变化,价款也随之变化)。第二,合同的变更是合同内容的局部变更,不是合同的根本性变化,其只是对原合同关系的非要素内容,如标的数量的增减、履行地点、履行时间、价款及结算方式的变更等等做了某些修改和补充。如果合同内容发生根本性变化,即给付发生重要部分的变化,则实际上已导致原合同关系的消灭,发生合同的更新。此处的重要部分是相对于非要素内容而言的,通常应依当事人的意思和一般交易观念加以确定,如合同标的的改变、履行数量或价款的巨大变化、合同性质的变化等,都是合同的更新而非合同的变更。第三,合同的变更通常依据双方当事人的约定,我国《合同法》第五章所规定的合同变更实际上就是约定的变更,也可以是基于法律的直接规定,表现为当事人依据法律规定请求人民法院或仲裁机构进行变更,即法定的变更。第四,合同的变更只能发生在合同成立后,因为尚未履行或尚未完全履行之前合同未成立,当事人之间根本不存在合同关系,也就谈不上合同的变更。而合同履行完毕后,当事人之间的合同关系已经消灭,也不存在变更的问题。

第五,合同的变更也会产生新的债权债务内容。当事人在变更合同以后,需要增加新的内容或改变合同的某些内容,合同变更以后不能完全以原合同来履行,而应按照变更后的权利义务关系来履行。

合同变更的法律后果:合同的变更原则上向将来发生效力,未变更的权利义务继续有效,已经履行的债务不因合同的变更而失去法律依据。合同的变更不影响当事人要求赔偿损失的权利。

(二)合同转让

合同转让,是指合同权利、义务的转让,亦即当事人一方将合同的权利或义务全部或部分转让给第三人的现象。也就是说,由新的债权人代替原债权人,由新的债务人代替原债务人,但是债的内容仍保持不变的一种法律现象。按照所转让的内容不同,合同转让包括合同权利的让与、合同债务的承担和合同权利义务的概括移转三种类型。

合同的转让,体现了债权债务关系是动态的财产关系这一特性。合同转让有以下特征:(1)内容的一致性。合同转让只是改变履行合同权利和义务的主体,并不改变原订的合同权利和义务,转让后的权利人或义务人所享有的权利或义务仍是原合同约定的。因此,转让合同并不引起合同内容的变更,其内容应与原合同内容一致。(2)合同转让后形成新的合同关系人。合同转让,只是改变了原合同权利义务履行主体,其直接结果是原合同关系的当事人之间的权利义务消失,取而代之的是转让后的新的权利义务关系人,自转让成立起,第三人代替原合同关系的一方或加入原合同成为原合同的权利义务主体,形成新的合同关系人。(3)合同转让改变了债权债务关系。合同转让会涉及原合同当事人之间的债权债务和转让人与受让人之间的债权债务关系。尽管合同转让是在转让人与受让人之间完成,但是合同转让必然涉及原合同当事人的利益,所以合同义务的转让应征得债权人的同意,合同权利的转让应通知原合同债务人。合同转让后,因转让合同纠纷提起的诉讼,债权人、债务人、出让人可列为第三人参与诉讼活动。

合同权利转让的特点:(1)合同权利转让是指不改变合同权利的内容,由债权人将权利转让给第三人;(2)合同权利的转让对象是合同债权;(3)权利的转让既可以是全部的转让,也可以是部分的转让。

合同权利转让的条件:(1)必须有有效的合同权利存在;(2)转让双方之间必须达成合同;(3)转让的合同权利必须具有可让与性;(4)通知债务人;(5)办理有关手续。

①《中国农业银行汇金支行诉张家港涤纶厂代位权纠纷案》,载《中华人民共和国最高人民法院公报》,2004年第4期。

【典型案例(一)】

代位权纠纷如何处理?①

一审法院苏州市中级人民法院经审理查明:1997年7月,第三人工艺品公司因代理被告涤纶厂进口日本产聚酯FDY卷绕装置及配套设备,向中国农业银行哈尔滨市分行国际业务部申请开具信用证。原告汇金农行分别于1998年2月17日和7月30日、1999年1月26日,为工艺品公司申请的两份信用证垫付337555520日元,折合人民币23866811.55元。涤纶厂通过工艺品公司,向汇金农行支付信用证项下保证金998万元,并将所购设备抵押给工艺品公司。1999年2月6日,涤纶厂向工艺品公司出具分期付款资金安排计划函一份,承诺1999年4月30日、5月30日、6月30日、7月30日前分别还款30万元,8月30日前还款500万元,9月30日前还款30万元,10月30日前还款200万元,12月30日前还款30万元,2000年1月30日前付清工艺品公司垫付的信用证余款。对此,工艺品公司未表示异议。2000年2月16日,工艺品公司致函涤纶厂称:根据涤纶厂1999年2月6日的承诺,应在2000年1月30日前偿还全部欠款,现要求在2000年2月20日前全部归还。2000年2月18日,涤纶厂复函称:由于企业困难,请求允许其自2000年3月起每月支付10万元,其将在能力许可的范围内安排归还更多的资金。2000年2月23日,工艺品公司在涤纶厂的复函上签署"同意以上付款的意见",并加盖了单位公章。

另查明,1999年2月6日,被告涤纶厂出具还款承诺后,先后支付给第三人工艺品公司110万元。同年6月21日,涤纶厂与工艺品公司就抵押设备签订了关于抵押合同变更协议,在该协议中双方明确:双方之间的债原为2380万元左右,现涤纶厂尚欠工艺品公司债务1400万元左右。

江苏省高级人民法院补充查明:涤纶厂与工艺品公司所签订的代理进口协议第4条约定,"日方同意推迟付款日期,日方银行应于装船后330天内将延期付款通知传递给开证行,收到银行通知后,双方按补充协议执行并修改信用证",涤纶厂提供了与外商达成付款时间延长的协议,但未能提供上述条款约定的日方银行的装船通知,工艺品公司在二审中承认未要求汇金农行修改信用证、推迟对外付款,在履行代理进口协议时存在违约行为。

①《中国农业银行汇金支行诉张家港涤纶厂代位权纠纷案》,载《中华人民共和国最高人民法院公报》,2004年第4期。

【以案说法(一)】

本案中,债务人工艺品公司既没有积极向债权人汇金农行履行其到期债务,又没有以诉讼或者仲裁方式主张其对次债务人涤纶厂的到期债权,而是在其债权到期后,通过签订延期还款协议,将还款时间延长,这种做法明显损害了债权人汇金农行的合法权益,导致汇金农行的债权不能实现。根据《合同法解释(一)》第13条规定:“合同法第73条规定的‘债务人怠于行使其到期债权,对债权人造成损害的’,是指债务人不履行其对债权人的到期债务,又不以诉讼方式或者仲裁方式向其债务人主张其享有的具有金钱给付内容的到期债权,致使债权人的到期债权未能实现。次债务人(即债务人的债务人)不认为债务人有怠于行使其到期债权情况的,应当承担举证责任。”因此,工艺品公司的做法属于法律规定的债务人怠于行使其债权的行为。我们可以看出,一审认定工艺品公司怠于行使债权于法有据。

对于第二份还款计划,法院应当认定其无效,因为其内容明显损害了债权人的利益,其所约定的还款期限也不能有效。那么如何确定工艺品公司和涤纶厂的债务是否到期,则应以双方签订的代理进口协议和第一份还款计划作为依据。据此可以从第一份还款计划中确定双方的债权债务已于2000年1月30日到期。同时,工艺品公司与涤纶厂之间的具体债务数额是否确定,并不影响债权人汇金农行对代位权的行使。因为在诉讼中,涤纶厂完全有权以次债务人的身份向债权人汇金农行行使抗辩权,而工艺品公司作为第三人参加诉讼,对涉及工艺品公司与涤纶厂之间的债权债务关系的事实,法院也可以在此案中一并查清并确认。综上,汇金农行完全可以行使代位权。

【典型案例(二)】

房屋买卖合同纠纷案①

2001年1月,甲、乙公司签订了一项房屋买卖合同,合同约定甲公司于当年9月1日向乙公司交付房屋100套,并办理登记手续,乙公司则向甲公司分期付

①详见《房屋买卖合同纠纷案——谈同时履行抗辩权》,http://www.lawbox.cn/2011/0725/117302.html。

款：第一期支付2000万元，第二期支付3000万元，第三期则在9月1日甲公司向乙公司交付房屋时支付5000万元。在签订合同后，乙公司按期支付了第一期、第二期款项共5000万元。9月1日，甲公司将房屋的钥匙移交乙公司，但并未立即办理房产所有权移转登记手续。因此，乙公司表示剩余款项在登记手续办理完毕后再付。在合同约定付款日期(9月1日)7日后，乙公司仍然没有付款，甲公司遂以乙公司违约为由诉至法院，请求乙公司承担违约责任。乙公司则以甲公司未按期办理房产所有权移转登记手续为由进行抗辩。

【以案说法(二)】

在该案中，乙公司按期向甲公司支付了第一期、第二期款项共5000万元，并无违约情形，甲公司并无理由行使后履行抗辩权，因此，其未按期办理房产所有权移转登记手续属于违约行为，应当承担相应的违约责任。而乙公司貌似违背了合同约定，在合同约定付款日期7日后仍然没有付款，构成了履行迟延，但是在考虑其是否应当承担违约责任时，我们应考虑其是否享有法定的抗辩权。对乙公司而言，由于其第三期款项的支付与甲公司交付房屋并办理房产所有权移转登记手续是应当同时履行的义务，不动产的出卖人除负有交付标的物的义务之外，还应当完成产权移转登记手续，使买受人获得房产的所有权。因此，办理登记是房屋买卖合同的主给付义务，由于甲公司的行为有可能导致乙公司的合同目的不能实现，根据《合同法》第66条规定的同时履行抗辩权，乙公司有权拒绝支付剩余款项。

【法条链接】

中华人民共和国合同法

第六十条 当事人应当按照约定全面履行自己的义务。

当事人应当遵循诚实信用原则，根据合同的性质、目的和交易习惯履行通知、协助、保密等义务。

第六十一条 合同生效后，当事人就质量、价款或者报酬、履行地点等内容没有约定或者约定不明确的，可以协议补充；不能达成补充协议的，按照合同有关条款或者交易习惯确定。

第六十二条　当事人就有关合同内容约定不明确,依照本法第六十一条的规定仍不能确定的,适用下列规定:

(一)质量要求不明确的,按照国家标准、行业标准履行;没有国家标准、行业标准的,按照通常标准或者符合合同目的的特定标准履行。

(二)价款或者报酬不明确的,按照订立合同时履行地的市场价格履行;依法应当执行政府定价或者政府指导价的,按照规定履行。

(三)履行地点不明确,给付货币的,在接受货币一方所在地履行;交付不动产的,在不动产所在地履行;其他标的,在履行义务一方所在地履行。

(四)履行期限不明确的,债务人可以随时履行,债权人也可以随时要求履行,但应当给对方必要的准备时间。

(五)履行方式不明确的,按照有利于实现合同目的的方式履行。

(六)履行费用的负担不明确的,由履行义务一方负担。

第六十六条　当事人互负债务,没有先后履行顺序的,应当同时履行。一方在对方履行之前有权拒绝其履行要求。一方在对方履行债务不符合约定时,有权拒绝其相应的履行要求。

第六十八条　应当先履行债务的当事人,有确切证据证明对方有下列情形之一的,可以中止履行:

(一)经营状况严重恶化;

(二)转移财产、抽逃资金,以逃避债务;

(三)丧失商业信誉;

(四)有丧失或者可能丧失履行债务能力的其他情形。

当事人没有确切证据中止履行的,应当承担违约责任。

第七十三条　因债务人怠于行使其到期债权,对债权人造成损害的,债权人可以向人民法院请求以自己的名义代位行使债务人的债权,但该债权专属于债务人自身的除外。

代位权的行使范围以债权人的债权为限。债权人行使代位权的必要费用,由债务人负担。

第七十四条　因债务人放弃其到期债权或者无偿转让财产,对债权人造成损害的,债权人可以请求人民法院撤销债务人的行为。债务人以明显不合理的低价转让财产,对债权人造成损害,并且受让人知道该情形的,债权人也可以请求人民法院撤销债务人的行为。

撤销权的行使范围以债权人的债权为限。债权人行使撤销权的必要费用,由债务人负担。

第七十九条　债权人可以将合同的权利全部或者部分转让给第三人,但有下列情形之一的除外:

(一)根据合同性质不得转让;

(二)按照当事人约定不得转让;

(三)依照法律规定不得转让。

第八十条　债权人转让权利的,应当通知债务人。未经通知,该转让对债务人不发生效力。

债权人转让权利的通知不得撤销,但经受让人同意的除外。

第九十条　当事人订立合同后合并的,由合并后的法人或者其他组织行使合同权利,履行合同义务。当事人订立合同后分立的,除债权人和债务人另有约定的以外,由分立的法人或者其他组织对合同的权利和义务享有连带债权,承担连带债务。

【扩展阅读】

日常生活经验法则在民事案件审理中的应用①

2011年12月23日,被告刘某向原告张某出具证明条一张,该证明条载明:"证明今日收到叁万元整(3万元整)刘某2011年12月23日"。2012年7月,原告张某起诉被告刘某要求付还借款3万元。

原告张某起诉称:我与刘某关系较好,2011年12月23日刘某向我借款3万元,并出具证明条一份,要求被告付还借款3万元。

被告刘某答辩称:原告起诉与事实不符。事实是:2011年12月,原告承揽了某工地的钢结构工程,并与我合伙承建该工程,我任现金保管。2011年12月23日原告支取了3万元的材料款,并将该款交付给我,我给原告出具了一张证明条。现因合伙期间的账目未清算,原告以借款起诉我,不应支持,请求法院驳回原告的诉讼请求。

法院经审理后认为:原、被告双方当事人对存在3万元款项交接的事实无争议。本案的焦点问题是该款项是个人借款还是合伙经营中的往来款项。对

①崔荣涛:《日常生活经验法则在民事案件审理中的应用》,http://www.chinacourt.org/article/detail/2013/12/id/1165383.shtml

此，应当全面、客观地审核证据，结合原、被告曾存在合伙行为的事实，且在现实生活中，借款人向出借人出具证明条，不符合日常生活经验。法院认定，被告的陈述更有可信度，更符合客观事实。据此，法院判决：驳回原告张某的诉讼请求。宣判后，原告张某不服一审判决，向某市中级人民法院提起上诉，二审法院维持了一审判决。

评析

1.《合同法》第210条规定，自然人之间的借款合同，自贷款人提供借款时生效。因此，民间借贷合同为实践性合同，以出借人与借款人之间达成货币借用的合意，并以出借人实际给付借款为生效要件。《民法通则》第90条规定，合法的借贷关系受法律保护。最高人民法院《关于民事诉讼证据的若干规定》第2条规定，当事人对自己提出的诉讼请求所依据的事实或者反驳对方诉讼请求所依据的事实负有责任提供证据加以证明。没有证据或者证据不足以证明当事人的事实主张的，由负有举证责任的当事人承担不利后果。原告主张该笔款项是合法借款，应对此承担举证责任。但原告张某不能证明在此前双方已达成借款的合意，应当承担举证不能的法律责任。

2.原、被告对曾经有资金交付没有争议，关键问题是资金交付的原因。在本案中，由于原、被告之前曾存在合伙承揽工程的事实，虽然不排除在合伙期间双方之间有借款的可能，但结合被告向原告出具的证明条的内容，按照日常生活经验，显然被告的陈述更符合日常生活实际，更具有可信度。在日常生活经验中，出借人一般会要求借款人向其出具“借条”或“借据”，而借款人向出借人出具证明条，不符合大多数人的正常思维和日常生活经验。

第五单元　生效、履行的合同可否终止

——合同之债的消灭

【精讲精析】

合同权利义务的终止简称合同的终止,又称合同的消灭,是合同当事人双方之间的权利义务在客观上不复存在。合同的终止须基于一定的法律事实,这就是合同终止的原因。合同终止具有以下特点:合同终止既包括向过去发生效力,也包括向将来发生效力。合同终止的前提是合同已经生效。合同终止将使合同关系不复存在,当事人之间的权利与义务归于消灭,合同的从属权利义务也归于消灭,债权人不再享有债权,债务人也不再承担债务。

合同的终止不同于合同的解除。在理论上,合同的终止与合同的解除一直是一个有争议的问题,从我国《合同法》的规定来看,合同终止与合同解除是不同的,合同解除只是合同终止的一种原因。

合同的终止不同于合同的变更。合同关系终止后,当事人之间的债权债务关系于客观上不再存在。因此,合同的终止与合同变更不同。合同变更包括主体变更与内容的变更。合同主体的变更为合同的移转,合同关系客观上并未消灭,只是存在于新的主体之间。因此,对于合同的主体变更,有人称之为合同的相对消灭,而将合同的终止称为合同的绝对消灭。合同的内容变更,仅是合同的内容或客体变动,债权债务关系客观上仍然存在,而并没有消灭。

合同关系是基于一定的法律事实而产生、变更的,同时也基于一定的法律事实而终止。能够引起合同终止的法律事实,就是合同终止的原因。没有终止原因,合同就不能消灭。我国《合同法》第91条将合同终止的原因归纳为以下7项:(1)债务已经按照约定履行;(2)合同解除;(3)债务相互抵销;(4)债务人依法将标的物提存;(5)债权人免除债务;(6)债权债务归于一人;(7)法律规定或者当事人约定终止的其他情形。综合起来看,合同终止的原因基本上可以分为以下几类：

1.基于合同目的达到而终止

合同目的达到就是债权人的利益得到了满足。当事人订立合同的目的是取得某种利益，而其利益的取得须通过债权的实现才能达到。而债权得到实现，合同也就终止了。可以说，合同的设定本身就是为了合同的消灭。例如，清偿、提存等都是使合同目的达到的原因。

2.基于当事人的意思而终止

合同当事人之间的权利义务关系，可依当事人的意思而终止。当事人的意思可以是当事人一方的意思表示，如债务免除、抵销等都是基于当事人一方的意思表示而终止合同；也可以是当事人双方的意思表示，如合同的协议解除就是基于当事人双方的意思表示一致而终止合同。

3.基于法律的直接规定而终止

合同虽然是当事人之间的权利义务关系，但在法律直接规定合同终止情形时，合同也归于终止。例如，合同的法定解除、当事人死亡或丧失行为能力、法人的终止等，都属于基于法律的直接规定而终止合同。

本单元结合实际，重点讲解问题包括：合同解除、债的抵销、提存、债的免除、债的混同。

一、合同解除

合同解除是指合同生效以后，在一定条件下通过当事人的单方行为或者双方合意，终止合同效力或者溯及地消灭合同关系的行为。合同成立以后，客观情况发生了当事人在订立合同时无法预见的、非不可抗力造成的不属于商业风险的重大变化，继续履行合同对于一方当事人明显不公平或者不能实现合同目的，当事人请求人民法院变更或者解除合同的，人民法院应当根据公平原则并结合案件的实际情况确定是否变更或者解除。

合同的解除具有如下特点：第一，合同的解除以当事人之间存在有效合同为前提。当事人之间自始就不存在合同关系的，不存在合同的解除问题；当事人之间原存在合同关系，但合同关系已经消灭的，也不发生合同的解除。同时，当事人之间的合同应当为有效合同，否则，不存在合同的解除，即无效合同、可撤销合同、效力待定合同不发生合同的解除。第二，合同的解除须具备一定的条件。合同依法成立后，即具有法律拘束力，任何一方不得擅自解除合同。但是，在具备了一定条件的情况下，法律也允许当事人解除合同，以满足自己的利益需要。合同解除的条件,既可以是法律规定的,也可以是当事人约定的。法定解除条件就是由法律规定的当事人享有解除权的各种条件,约定解除条件就是由当事人约定的当事人享有解除权的条件。当然,当事人也可以通过协商而解除合同。第三,合同的解除是消灭合同关系的法律行为。在具备了合同解除条件的情况下,当事人可以解除合同。但当事人解除合同必须实施一定的行为,即解除行为。这种解除行为是一种法律行为。如果仅有合同解除的条件,而没有当事人的解除行为,合同不能自动解除。解除合同的法律行为,既可以是单方法律行为,也可以是双方法律行为。

合同解除的条件:(1)因不可抗力致使合同不能达到目的;(2)迟延履行;(3)拒绝履行;(4)不完全履行;(5)债务人的过错造成合同不能履行。发生法定解除权的情况:(1)不可抗力;(2)拒绝履行;(3)迟延经催告;(4)迟延不经催告;(5)其他情形。

合同解除的法律后果:(1)尚未履行的终止履行;(2)已经履行的可以要求恢复原状或者采取其他补救措施;(3)要求赔偿损失。解除合同效力的限制规定在《合同法》第98条:"合同的权利义务终止,不影响合同中结算和清理条款的效力。"

二、债务相互抵销

当事人互负到期债务,并且债务的标的物种类、品质相同的,除非法律规定或合同性质决定不得抵销外,任何一方可以将自己的债务与对方的债务抵销。标的物种类、品质不相同的,经双方协商一致,也可以抵销。如果当事人事先约定不得抵销的,人民法院可以认定该约定有效。

抵销在民法上具有重要意义,主要表现在两个方面。第一,抵销具有便利当事人的功能。在当事人双方相互负有同种类给付的债务时,若各方均须向对方履行自己的债务,则双方就要相互交换给付,这势必增加当事人的负担。第二,抵销具有担保的功能。抵销虽然不是债的担保方式,但可起到担保的作用。例如,双方互负同类债务时,若其中一方的资力恶化,另一方向其履行,就有可能得不到相应的履行。但若实行抵销,则另一方即使不能履行债务,他方的利益也可得到保障。

抵销有民法上的抵销与破产法上的抵销。破产法上的抵销是在债权人对破产企业负有债务时,于破产清算前所进行的抵销。这种抵销没有清偿期是否届满、给付种类是否相同的限制,与民法上的抵销不同。民法上的抵销又有法定抵销与合意抵销之分。法定抵销是指在具备法律所规定的条件时，依当事人一方的意思表示所为的抵销。其依当事人一方的意思表示，使双方的债权按同等数额消灭的权利，称为抵销权。我国《合同法》第99条第1款规定："当事人互负到期债务，该债务的标的物种类、品质相同的，任何一方可以将自己的债务与对方的债务抵销，但依照法律规定或者按照合同性质不得抵销的除外。"法定抵销的条件有：(1)须双方互负债务，互享债权；(2)须双方债务的给付为同一种类；(3)须双方的债务均届清偿期；(4)须双方的债务均可为抵销的债务。合意抵销又称为契约上抵销，是指依当事人双方的合意所为的抵销。合意抵销是由当事人自由约定的，其效力也决定于当事人的约定。我国《合同法》第100条规定："当事人互负债务，标的物种类、品质不相同的，经双方协商一致，也可以抵销。"

三、债务人依法将标的物提存

提存是指在合同履行中，由于合同债权人的原因，债务人无法向其交付标的物时，债务人将标的物提交给提存机关，而使合同终止的法律制度。债务人可以将标的物提存的情形包括：债权人无正当理由拒绝受领；债权人下落不明；债权人死亡未确定继承人，或者丧失民事行为能力未确定监护人；法律规定的其他情形。标的物提存后，毁损、灭失的风险由债权人承担；债权人可以随时领取提存物，但自提存之日起5年内不行使该权利的，该权利消灭，提存物扣除提存费用后归国家所有。债务人将合同标的物或者标的物拍卖、变卖所得价款交付提存部门时，人民法院应当认定提存成立。

根据我国《合同法》及《提存公证规则》的有关规定，提存须具备以下条件：第一，提存主体合格。提存涉及三方当事人，即提存人、提存机关和提存受领人。在一般情况下，提存人即为债务人，但不以债务人为限，凡债务的清偿人均可为提存人，如代为清偿的第三人、代理人等。由于提存是一种法律行为，所以提存人应具有行为能力，同时提存人的意思表示应真实。否则，提存不能发生效力。提存机关是法律规定的有权接受提存物并为保管的机关。关于提存机关，我国目前还没有专门的提存所，依现行法的规定，拾得遗失物的可向公安机关提存，公证提存的由公证处为提存机关。此外，法院、银行也可成为提存机关。提存受领人主要是提存之债的债权人。同时，受领清偿的第三人也可为提存受领人。第二，提存的合同有效且已届履行期。提存的合同之债就是提存债务人与债权人之间基于合同而发生的债权债务关系。提存是消灭合同的一种原因,因而,提存的发生是以合同已经存在为前提的。没有合同的存在,就不会有提存的发生。但提存的合同必须是有效合同,对于无效合同、可撤销合同、效力待定合同,都不能提存。提存的合同之债有效只是债务人得以提存的前提。债务人只有在合同已届履行期时,才能向提存机关提存履行的标的物。在合同未届履行期的情况下,债务人不得提存。这是因为:一方面,合同未届履行期的,若债务人提存,则等于提前履行合同;另一方面,提存之后,标的物的风险以及提存的费用都应由债权人承担,这对债权人是不利的。第三,提存原因合法。提存的目的在于消灭合同关系,产生与清偿同样的法律后果。但提存与清偿毕竟不同,不能由债务人任意为之。否则,会对债权人造成不利的后果。因此,提存必须存在合法的原因。这种原因就是债务人无法向债权人清偿债务。就是说,债务人只有在无法向债权人为清偿时,才可以利用提存的方法消灭合同关系。因此,凡是因债权人的原因致使债务人无法清偿的事实,均为提存的合法原因。

根据我国《合同法》第101条的规定,提存客体应当是适当的,包括两层含义:一是提存标的物,原则上是债务人应给付的标的物;二是提存标的物应为适于提存的物。不动产不适于提存,不能为提存的标的物;动产中不适于提存的物,如有毁损灭失危险的物、易腐易烂的物、提存费用过巨的物,可按法定程序变卖后将其所得价款提存。

四、债权人免除债务

免除为单方行为,自债权人向债务人或其代理人表示后,即发生法律效力。所以,一旦债权人做出免除的意思表示,即不得撤回。我国《合同法》第105条规定:"债权人免除债务人部分或者全部债务的,合同的权利义务部分或者全部终止。"这一规定并没有规定债务免除须以合同方式为之或须有债务人的同意。因此,根据我国《合同法》的规定,债务免除可以解释为单方行为,即债权人根据其单方的意思表示就可以免除债务人的债务。当然,将债务免除定性为单方行为,并不是说债权人和债务人不能以双方行为为债务免除。债权人以单方法律行为免除债务的,债权人向受债务免除的债务人做出免除的意思表示,即可发生免除的效力。而且一旦债权人做出了免除债务的意思表示,即不得撤回;债权人以合同免除债务的,债权人和债务人应明确约定免除债务的范围。

债务免除除上述单方行为外,还具有如下性质:第一,债务免除是一种无因行为。免除依债权人做出免除债务的意思表示而发生效力，其原因如何在所不问，属于一种无因行为。免除的原因可以是赠予，可以是对待给付，也可以是为和解而为之。这些原因均不是免除的成立条件，其无效或不成立，免除并不因此当然无效或不成立。当然，在此情况下，债权人可依不当得利的规定，请求返还。第二，债务免除是一种无偿行为。债务免除是债权人消灭债务人的债务负担的行为，并不以债权人取得相应对价为条件，因此，尽管免除的原因可为有偿或无偿，但免除本身为无偿行为。第三，债务免除是一种不要式行为。免除的意思表示无须特定的方式，书面、口头及其他形式均可。债务免除的效力是使合同关系消灭。债务全部免除的，合同关系即全部消灭；债务部分免除的，合同关系于免除的范围内部分消灭。主债务因免除而消灭的，从债务也随之消灭。但从债务因免除而消灭的，并不影响主债务的存在，即主债务并不随之消灭。债权人免除连带债务人中一债务人的债务的，其他债务人的债务是否也应免除？我们认为，由于连带债务人都负有清偿全部债务的义务，所以，如果债权人免除了连带债务人中一人的债务，则应视为免除全部连带债务人的债务，即免除对其他债务人同样发生效力。但是，如果债权人明确表示仅免除连带债务人中一人应负担的债务部分，则其他债务人的债务不应免除。

债务免除的成立条件：(1)免除的意思表示应向债务人为之；(2)债权人须具有处分能力；(3)免除不得损害第三人利益。

五、混同

债权债务同归于一人，即混同。债权债务同归于一人的，合同的权利义务终止，但涉及第三人利益的除外，即涉及第三人的义务并不因为债的混同而终止，债务人仍应当履行义务。我国《合同法》第106条规定："债权和债务同归于一人的，合同的权利义务终止，仅涉及第三人利益的除外。"混同以债权与债务同归于一人而成立，与人的意志无关，因而属于事件。

发生混同的原因可分为两种：一是概括承受。概括承受是指合同关系的一方当事人概括承受他方的权利与义务。例如，甲、乙两厂之间订有买卖合同关系，甲为债权人，乙为债务人。后甲、乙两厂合并，成立丙厂，债权人和债务人即成为一人，原有的债权和债务均由丙厂享有和承担，因此，甲、乙之间原有的合同关系，因它们的合并（即混同）而消灭。再如，债务人继承被继承人对其享有的债权，或者债权人继承被继承人对其负担的债务，也都发生混同。概括承受是发生混同的最主要原因。二是特定承受。特定承受是指因债权让与或债务承担而承受权利与义务。例如,债务人自债权人受让债权,债权人承担债务人的债务,也发生混同,合同归于消灭。保证债务因主债务人与债权人混同而消灭。在连带债务中,当连带债务人之一与债权人混同,或者连带债权人与债务人混同时,合同关系是否消灭,各国法律规定不一。我们认为,在连带债务人中,一人与债权人混同时,合同仅在该连带债务人应负担的债务额限度内消灭,其他连带债务人对剩余部分的债务仍负连带债务。在连带债权人中一人与债务人混同时,合同也仅在该连带债权人所享有的债权额限度内消灭,其他连带债权人对剩余部分的债权仍享有连带债权。

混同虽然产生合同终止的效力,但是,在例外情形下,即涉及第三人利益时,虽然债权人和债务人发生混同,合同也不消灭。例如,在合同债权出质时,合同不因混同而消灭。

六、法律规定或者当事人约定终止的其他情形

对于债务人的给付不足以清偿其对同一债权人所负的数笔相同种类的全部债务的,《合同法解释(二)》规定了以下抵充顺序:(1)优先抵充已到期的债务;(2)几项债务均到期的,优先抵充对债权人缺乏担保或者担保数额最少的债务;(3)担保数额相同的,优先抵充债务负担较重的债务;(4)负担相同的,按照债务到期的先后顺序抵充;(5)到期时间相同的,按比例抵充。但是,债权人与债务人对清偿的债务或者清偿抵充顺序有约定的除外。债务人除主债务之外还应当支付利息和费用,当其给付不足以清偿全部债务时,并且当事人没有约定的,人民法院应当按照下列顺序抵充:实现债权的有关费用,利息,主债务。

七、合同终止后应该注意的问题

合同的权利义务终止后,当事人的合同关系结束,但某些合同的特点决定了当事人的义务具有延续性或者具有不可替代性。因此,合同终止后,当事人仍应当履行某些义务。《合同法》规定,合同的权利义务终止后,当事人仍应当遵循诚实信用原则,并根据交易习惯履行相应的义务,如通知、协助和保密等义务。而且合同的权利义务终止,不影响合同中结算和清理条款的效力。因此,合同终止后,当事人仍应当按照合同中的结算和清理条款履行相应的义务。那些认为合同一旦终止,自己就不再负担任何义务的观点是错误的。

【典型案例(一)】

解除合同的几种情况

1.某日,突降暴雨,河水陡涨,淘空了河边公路的一段路基,路面突然垮塌,一辆运载水泥的汽车不幸陷入水中,水泥都报废了,承运人怎么向托运人或收货人交代?①

2.农民王某的西瓜皮薄瓤甜,还没熟,就被水果商夏老板全包了。双方定了价。夏老板嘱咐王某,西瓜熟多少,就往城里送多少。但他前脚走,后脚就有人找王某出高价抢购。于是,王某悔约,不给夏老板送瓜。谁知后来进了许多外地的良种瓜,使得本地瓜大跌价。王某维持不了高价合同,只好又来求夏老板。夏老板是不是还得履行原合同收他的西瓜?②

3.服装销售商向服装生产商订购棉衣,约定秋末到货。但一催再催,总没结果。眼看货柜就要空了,不得已,销售商只好另外进货。一个月后,生产商的棉衣姗姗来迟,销售商可不可以拒绝接受?如果生产商的棉衣春节后才到,销售商该怎么办?③

【以案说法(一)】

1.《合同法》第311条规定:“承运人对运输过程中货物的毁损、灭失承担损害赔偿责任,但承运人证明货物的毁损、灭失是因不可抗力、货物本身的自然性质或者合理损耗以及托运人、收货人的过错造成的,不承担损害赔偿责任。”第314条规定:“货物在运输过程中因不可抗力灭失,未收取运费的,承运人不得要求支付运费;已收取运费的,托运人可以要求返还。”据此,承运人无须承担赔偿责任,但也不得收取运费。双方事实上是解除了合同,这种解除不是基于双方同意,而是基于法律规定,是《合同法》第94条规定的“(一)因不可抗力致使不能实现合同目的”,当事人可以解除合同的情况。

2.该案的主动权在夏老板手里。王某不给夏老板送瓜,是违约。夏老板有

---

① 张迪圣、张素:《合同法案例讲堂》,中国法制出版社2009年版,第112页。

②张迪圣、张素:《合同法案例讲堂》,中国法制出版社2009年版,第113页。

③张迪圣、张素:《合同法案例讲堂》,中国法制出版社2009年版,第114页。

权要求王某继续履行,甚至请求人民法院强制执行,也可以解除合同。解除合同的法律依据是《合同法》第94条规定的“当事人一方明确表示或者以自己的行为表明不履行主要债务”的情况,不全是违约,但需经人民法院或仲裁委员会认定。

3.《合同法》第94条规定,当事人一方迟延履行主要债务,经催告后在合理期限内仍未履行的,当事人可以解除合同。在货柜要空的情况下,另外进货是正常的做法。进货充足了,自然无须再进。交货迟延到对方充足进货之后,就过了合理期。销售商依法有权解除合同。但有权解除合同还不等于解除了合同。《合同法》第96条规定:“当事人一方依照本法第93条第2款、第94条的规定主张解除合同的,应当通知对方。合同自通知到达对方时解除。对方有异议的,可以请求人民法院或者仲裁机构确认解除合同的效力。法律、行政法规规定解除合同应当办理批准、登记等手续的,依照其规定。”销售商于进货充足之时,应及时通知生产商解除合同,合同至通知到达对方时才解除。

【典型案例(二)】

解除合同后的法律后果

1.孙某受“八万元起步,家庭也能炼汽油”广告的诱惑,花6万元从某科技有限公司购进了一套这样的炼制设备,又花2万元搭了个工棚,浇筑了高高低低的混凝土设备基础。但这套设备从野生植物中提炼出的液体,只是勉强可燃,哪是什么汽油!公司的安装调试人员使出吃奶力气也没用。由于提炼的产品远达不到对方承诺的水平,甚至没有实用价值,依据《合同法》一方违约致使不能实现合同目的可以解除合同的规定,孙某有权解除合同,但解除合同对他弥补损失有多大作用呢?①

2.海泰水泥厂的水泥原本是免检产品,兴业建筑有限公司和它有长期购销合同。但后来水泥质量有问题,拖累得兴业建筑有限公司一批钢筋混凝土柱子要推倒重来。由于相互不信任,建筑公司和水泥厂解除了合同。行使合同解除权,又会产生哪些效力呢?②

---

①张迪圣、张素:《合同法案例讲堂》,中国法制出版社2009年版,第116页。

②张迪圣、张素:《合同法案例讲堂》,中国法制出版社2009年版,第136页。

【以案说法(二)】

1.《合同法》第97条规定:“合同解除后,尚未履行的,终止履行;已经履行的,根据履行情况和合同性质,当事人可以要求恢复原状、采取其他补救措施,并有权要求赔偿损失。”根据这个规定,解除合同会产生两个效力:(1)尚未履行的,终止履行,公司的安装调试人员就不用再折腾了。(2)已经履行的,因为没有什么补救措施可采取,可以要求恢复原状,就是恢复到合同履行前的状况,公司把设备拖回去,把6万元设备款及运费返还给孙某;还可以要求赔偿损失,建造及拆除的费用应由公司赔偿。

合同解除以后的效力,是合同的权利义务关系自合同解除时消灭。对合同解除以前的效力,有两种情况:采取其他补救措施,是仍然维护合同解除前的权利义务关系,也就是说,解除不溯及既往(解除不倒回来涉及已发生的事实);而要求恢复原状,则是合同解除前的权利义务关系也消灭,如同合同自始没有成立,这是解除溯及既往。无论是否溯及既往,都有赔偿损失的问题。解除一次性合同,往往有溯及力,如本例。

2.兴业建筑有限公司行使合同解除权产生的效力是:尚未履行的,终止履行;采取补救措施,供应合格水泥,重新浇筑钢筋混凝土柱子;赔偿建筑公司因返工造成的材料、人工损失。本案例没有溯及既往,持续性合同往往无溯及力。

【法条链接】

中华人民共和国合同法

第一六七条　分期付款的买受人未支付到期价款的金额达到全部价款的五分之一的,出卖人可以要求买受人支付全部价款或者解除合同。

出卖人解除合同的,可以向买受人要求支付该标的物的使用费。

第二〇三条　借款人未按照约定的借款用途使用借款的,贷款人可以停止发放借款、提前收回借款或者解除合同。

第二一九条　承租人未按照约定的方法或者租赁物的性质使用租赁物,致使租赁物受到损失的,出租人可以解除合同并要求赔偿损失。

第二二四条 承租人经出租人同意,可以将租赁物转租给第三人。承租人转租的,承租人与出租人之间的租赁合同继续有效,第三人对租赁物造成损失的,承租人应当赔偿损失。

第二三一条 因不可归责于承租人的事由,致使租赁物部分或者全部毁损、灭失的,承租人可以要求减少租金或者不支付租金;因租赁物部分或者全部毁损、灭失,致使不能实现合同目的的,承租人可以解除合同。

第二五三条 承揽人应当以自己的设备、技术和劳力,完成主要工作,但当事人另有约定的除外。

承揽人将其承揽的主要工作交由第三人完成的,应当就该第三人完成的工作成果向定作人负责;未经定作人同意的,定作人也可以解除合同。

第二六八条 定作人可以随时解除承揽合同,造成承揽人损失的,应当赔偿损失。

第三三七条 因作为技术开发合同标的的技术已经由他人公开,致使技术开发合同的履行没有意义的,当事人可以解除合同。

合同法解释(二)

第二十二条 当事人一方违反合同法第九十二条规定的义务,给对方当事人造成损失,对方当事人请求赔偿实际损失的,人民法院应当支持。

中华人民共和国保险法

第十五条 除本法另有规定或者保险合同另有约定外,保险合同成立后,投保人可以解除合同,保险人不得解除合同。

第十六条 订立保险合同,保险人就保险标的或者被保险人的有关情况提出询问的,投保人应当如实告知。

投保人故意或者因重大过失未履行前款规定的如实告知义务,足以影响保险人决定是否同意承保或者提高保险费率的,保险人有权解除合同。

前款规定的合同解除权,自保险人知道有解除事由之日起,超过三十日不行使而消灭。自合同成立之日起超过二年的,保险人不得解除合同;发生保险事故的,保险人应当承担赔偿或者给付保险金的责任。

投保人故意不履行如实告知义务的,保险人对于合同解除前发生的保险事故,不承担赔偿或者给付保险金的责任,并不退还保险费。

投保人因重大过失未履行如实告知义务,对保险事故的发生有严重影响的,保险人对于合同解除前发生的保险事故,不承担赔偿或者给付保险金的责任,但应当退还保险费。

保险人在合同订立时已经知道投保人未如实告知的情况的,保险人不得解除合同;发生保险事故的,保险人应当承担赔偿或者给付保险金的责任。

保险事故是指保险合同约定的保险责任范围内的事故。

第三十二条　投保人申报的被保险人年龄不真实,并且其真实年龄不符合合同约定的年龄限制的,保险人可以解除合同,并按照合同约定退还保险单的现金价值。保险人行使合同解除权,适用本法第十六条第三款、第六款的规定。

第三十七条　合同效力依照本法第三十六条规定中止的,经保险人与投保人协商并达成协议,在投保人补交保险费后,合同效力恢复。但是,自合同效力中止之日起满二年双方未达成协议的,保险人有权解除合同。

第四十九条　保险标的转让的,保险标的的受让人承继被保险人的权利和义务。

保险标的转让的,被保险人或者受让人应当及时通知保险人,但货物运输保险合同和另有约定的合同除外。

因保险标的的转让导致危险程度显著增加的,保险人自收到前款规定的通知之日起三十日内,可以按照合同约定增加保险费或者解除合同。保险人解除合同的,应当将已收取的保险费,按照合同约定扣除自保险责任开始之日起至合同解除之日止应收的部分后,退还投保人。

被保险人、受让人未履行本条第二款规定的通知义务的,因转让导致保险标的的危险程度显著增加而发生的保险事故,保险人不承担赔偿保险金的责任。

第五十条　货物运输保险合同和运输工具航程保险合同,保险责任开始后,合同当事人不得解除合同。

中华人民共和国拍卖法

第四十三条　拍卖人认为需要对拍卖标的进行鉴定的,可以进行鉴定。

鉴定结论与委托拍卖合同载明的拍卖标的状况不相符的,拍卖人有权要求变更或者解除合同。

中华人民共和国企业破产法

第十八条　人民法院受理破产申请后,管理人对破产申请受理前成立而债务人和对方当事人均未履行完毕的合同有权决定解除或者继续履行,并通知对方当事人。管理人自破产申请受理之日起二个月内未通知对方当事人,或者自收到对方当事人催告之日起三十日内未答复的,视为解除合同。

管理人决定继续履行合同的,对方当事人应当履行;但是,对方当事人有权要求管理人提供担保。管理人不提供担保的,视为解除合同。

最高人民法院关于审理商品房买卖合同纠纷案件适用法律若干问题的解释

第十五条 根据《合同法》第九十四条的规定,出卖人迟延交付房屋或者买受人迟延支付购房款,经催告后在三个月的合理期限内仍未履行,当事人一方请求解除合同的,应予支持,但当事人另有约定的除外。

法律没有规定或者当事人没有约定,经对方当事人催告后,解除权行使的合理期限为三个月。对方当事人没有催告的,解除权应当在解除权发生之日起一年内行使;逾期不行使的,解除权消灭。

最高人民法院关于审理建设工程施工合同纠纷案件适用法律问题的解释

第八条 承包人具有下列情形之一,发包人请求解除建设工程施工合同的,应予支持:

(一)明确表示或者以行为表明不履行合同主要义务的;

(二)合同约定的期限内没有完工,且在发包人催告的合理期限内仍未完工的;

(三)已经完成的建设工程质量不合格,并拒绝修复的;

(四)将承包的建设工程非法转包、违法分包的。

第九条 发包人具有下列情形之一,致使承包人无法施工,且在催告的合理期限内仍未履行相应义务,承包人请求解除建设工程施工合同的,应予支持:

(一)未按约定支付工程价款的;

(二)提供的主要建筑材料、建筑构配件和设备不符合强制性标准的;

(三)不履行合同约定的协助义务的。

【扩展阅读】

合同解除就是合同终止吗?

生活中,有人经常将合同解除与合同终止混为一谈,在合同解除纠纷的判决书中,也经常出现“终止双方当事人签订的××合同”之类的情况。其实,这是一个错误的认识,他们将合同解除与合同终止误认为是同一概念。实际上,这是两个完全不同的概念。

合同终止指合同当事人双方在合同关系建立以后,因一定的法律事实的出现,使合同确立的权利义务关系消灭。合同的解除,是合同有效成立后,因当事人一方或双方的意思表示,使合同关系归于消灭的行为。合同的终止与解除的区别如下:

首先,适用范围不同。合同终止适用于继续性合同,即债务不能一次履行完毕而必须持续履行方能完成的合同,如租赁合同、承揽合同、建设工程合同以及大部分以提供劳务为标的的合同;而合同解除一般只适用于非继续性合同。

其次,法律后果不同。合同终止仅使合同关系发生将来消灭的效力,不具有溯及既往的效力,因此不能产生恢复原状的法律后果;而合同解除可使合同关系发生既往消灭的效力,具有溯及既往的效力,因而对已履行的合同将产生恢复原状的后果。

再次,权利专属不同。合同终止权为非专属权,可随债权或债务一同移转第三人;而解除权为专属于债权人的权利,除可随同债权债务概括移转外,不得因单纯的债权让与或债务承担而移转给第三人。

最后,适用的条件不同。合同终止既适用于一方违反合同,也适用于没有违反合同的情况;而合同解除主要适用于当事人一方不履行合同的情况。我国《合同法》中的合同解除包含合同终止,二者表现为种属关系,合同解除可以代替合同终止,但合同终止不能代替合同解除来使用。

第六单元　准确地认识违约责任

——不履行合同义务要承担的法律后果

【精讲精析】

在实践中,合同与人们的生产和生活息息相关,违约责任约定也经常出现在合同当中。如果合同违约责任处理不好,不仅影响人们的生产和生活,甚至会造成合法当事人更重大的损害,也会给社会秩序的稳定带来危害。通过了解违约责任,当事人可以更好地维护自己合法的利益与权利。

什么叫作违约责任?违约责任是指当事人不履行或不完全履行生效合同所应当承担的法律责任。违约责任是在长期市场交易实践中形成的一种法律机制,当事人订立约定后必须履行约定,而且必须完全依照订立的合同执行,遵守合同所规定的义务,如果没有完全或不完全地履行合同中的义务,势必会损坏对方利益和权益,所以,违约责任是合同法当中必不可少的组成部分。

一、违约责任的内容

违约之后要承担哪些责任?违约责任制度是保障债权实现及债务履行的重要约定,它与合同义务有密切联系,合同义务是违约责任产生的前提,违约责任则是合同义务不履行的结果。合同法规定须根据违约的具体情况让违约方承担下列违约责任:(1)继续履行合同。违约方不能履行合同或不能按时履行合同,令相对方不能实现合同利益,如违约方具有继续履行义务的条件,并且继续履行对自己有利时,相对方有权要求对方继续履行合同。在继续履行合同的同时,遵守合同方有权要求违约方承担违约责任,可以依据双方订立的合同中对违约情况的约定要求违约方赔偿违约金,或者依据合同法的有关规定要求违约方进行赔偿。(2)采取补救措施。《合同法》第111条有规定,如果合约双方对货物质量发生争议,认为货物质量不符合约定,就应当按照合约约定承担违约责任。如果约定不明确或者没有约定,且依照《合同法》第61条的规定仍不能确定的,那么受损害方可以根据标的的性质以及损失的大小,合理选择要求对方承担修理、更换、重作、退货、减少价款或者报酬等违约责任。该规定主要是指在违约没有按照合同的规定为相对方提供合格产品,致使合同不能完全履行,使相对方在经济等方面受到损失的情况。在这种情况下,违约方要尽可能采取措施,减少相对方损失,尽可能依照合同要求继续履行,为相对方实现合同利益而努力地完成必要的工作,提供必要的经济让步。(3)赔偿损失。赔偿损失是指由于当事人不履行合同或不完全履行合同给对方造成损失时,应当承担的财产责任。在合同中,双方当事人所追求的大多数是经济利益,一旦合同不能按约定履行,势必会造成当事人的经济损失,所以在违约责任中,赔偿损失是不可缺少的一项。经济利益的实现是合同订立的目的,一方履行了义务,另一方也就得到了合法利益。《合同法》第112条规定,违约的一方在履行义务或者采取补救措施后,还应当赔偿对方的其他损失。

二、违约责任的种类

我国违约责任主要分为以下三种类型:

1.全部违约。它是指当事人签订了合同后根本就没有履行合同(没有履约),或者履行合同的结果完全不能满足合同约定的条件(错误履约),相对人的合同权利全部落空,没有履约方或错误履约方的行为构成全部违约(也称之为根本违约)。

(1)全部违约如果在合同履行前发生,一般是由一方当事人的行为产生,该当事人在签订合同后,出于某种原因或主观意识不去履行合同中的义务;也有由于双方当事人的行为造成合同违约的,但这种情况应当由合同中规定的先于履行的一方承担违约责任;如果无法分清义务履行的先后顺序,那么就由双方各自承担应承担的义务。

(2)全部违约如果是错误的履行合同,大部分是由于先于履行合同义务的当事人的错误理解合同而造成的。在这种情况下,先于履行合同义务的当事人必须承担全部违约责任,赔偿相对人的损失。

2.部分违约。它是指当事人没有按照合同规定的条件和时间完全履行合同的义务。部分违约相对人可以有两种结果:第一,相对人的合同权利是由全部合同条件组合而成的,合同的部分履行对其实现合同权利没有实际意义。在这种情况下,部分履行义务不能使相对人得到预期合同中的利益,给相对人造成重大的损失。第二,相对人的合同权利可以分开行使。在这种情况下,违约相对人有权请求违约方承担尚未违约部分的法律责任,包括继续履行完成合同义务;对已经履行部分的质量不符合合同规定的条件的,应当及时采取补救措施,并赔偿因部分违约造成的损失。

3.预期违约。预期违约指在合同的履行期限到来之前,一方当事人向对方当事人明确提出自己已经不能履行合同的义务,或者以自己的行为明确表明不履行合同的义务。其可分为两种具体类型:其一,预期拒绝履行,指合同有效成立后至合同约定的履行期届至前,一方当事人以言辞或行为向另一方当事人表示其将不按约定履行合同义务。有明示和默示两种表现形式。其二,预期不能履行,指在合同履行期届至前,有情况表明或一方当事人根据客观事实发现另一方当事人届时不能履行合同义务。其亦有明示和默示两种表现形式。我国《合同法》第108条对预期拒绝履行做了规定,而第68条关于不安抗辩权的规定,则兼含有以上两种类型的具体表现行为。

三、违约责任的特征

1.违约责任是一种民事责任。法律责任有民事责任、行政责任、刑事责任等类型,民事责任是指民事主体在民事活动中,因实施民事违法行为或基于法律的特别规定,依据民法所应承担的民事法律后果。

2.违约责任是违约方对相对方承担的责任。合同关系的相对性决定了违约责任的相对性,即违约责任是合同当事人之间的民事责任,合同当事人以外的第三人对当事人之间的合同不承担违约责任。具体而言:(1)违约责任是合同当事人的责任,不是合同当事人的辅助人(如代理人)的责任;(2)因第三人原因导致违约,一方当事人需要承担的责任。《合同法》第121条规定,当事人一方因第三人的原因造成违约的,应当向对方承担违约责任。当事人一方和第三人之间的纠纷,依照法律规定或者按照约定解决。

3.违约责任是履行合同不完全或不履行合同义务而承担的责任。首先,违约责任是违反有效合同的责任。合同有效是承担违约责任的前提。这一特征使违约责任与《合同法》上的其他民事责任(如缔约过失责任、无效合同的责任)区别开来。其次,违约责任以当事人不履行或不完全履行合同为条件。能够产生违约责任的违约行为有两种情形:一是一方不履行合同义务,即未按合同约定提供给付;二是履行合同义务不符合约定条件,即其履行存在瑕疵。

4.违约责任具有补偿性和一定的任意性。其一,违约责任以补偿守约方因违约行为所受损失为主要目的，以损害赔偿为主要责任形式，故具有补偿性质。其二，违约责任可以由当事人在法律规定的范围内约定，具有一定的任意性。《合同法》第114条第1款规定，当事人可以在合约履行前或履行中约定当一方出现违约时，应当视违约情况向对方支付一定数额的违约金，当然也可以选择约定因违约产生的损失赔偿额的计算方法。

5.违约责任是财产责任，不是人身责任。违约责任可以约定（如约定违约金、约定定金），也可以直接适用法律的规定（如支付赔偿金、强制实际履行等）。违约责任通常是补偿性的，在特定情况下，违约责任也有惩罚性。

6.违约责任有一定的选择性。违约相对人可以选择违约人承担违约责任的方式，比如说违约人违反约定没有完成合同义务，相对人可以在损害赔偿和违约金中选择一项要求违约人承担责任。不过这种选择是一种形成权，因此违约相对人一旦选择就不能改变，否则将会对违约人造成很多负担，不利于法律关系的稳定。

四、违约责任的构成条件

要满足怎样的条件才能构成违约责任？

1.主体条件。违约责任的主体必然是合同中的当事人，但不一定是合同中的当事人就可以成为违约责任的主体。首先，要成为违约责任的主体，发生违约责任的合同必须是有效合同，如果是无效合同就不存在违约的问题。其次，合同当事人必须是有权利独自主张自己利益和对立参加仲裁或诉讼的主体。主体资格的确定是主体进行各种法律行为的前提条件，如果所谓的主体并不符合主体的资格，那么就无法提到违约责任的承担。合同的主体一般是自然人或法人，自然人要成为违约责任的主体，就必须是具有完全的民事行为能力人；而法人要成为违约中的主体，就必须在法人的章程中规定其可以履行的民事行为权利能力，并且法人所签订的合同必须是在该权利范围内的有效合同。只有具备这两个必备条件，法人才有可能成为违约责任的主体。

2.违约行为。合同是一种债权，合同中的双方当事人就是债务人和债权人关系，只用债务人履行了义务，债权人才能行使权利。违约行为就是因为债务人一方没有履行或不完全履行合同中的义务而产生的纠纷。违约行为是指合同的当事人没有按照合同约定的条件和时间履行合同，包括两种情况：第一，作为的违约，指义务人应当以自己的主动行为完成合同规定的义务，如果义务人不主动履行义务，债权人的权利便会落空；第二，不作为的违约，指少数合同规定合同的当事人应当以自己某些不作为的承诺作为合同成立必要的基础,如果违反合同规定的条件泄漏了需要保密的信息时,就是对权利人权利的侵犯,就可构成违约责任。

3.违约责任的承担。既然在合同生效的过程中出现了违约行为,就应对其依照我国《合同法》的有关规定来进行责任承担。我国合同法规定的违约法律制度的基本内容有:(1)关于违约赔偿损失的规定。无论违约是因为当事人不履行合同,还是没有依照约定履行合同,给对方当事人造成损失的,都要赔偿。赔偿的数额相当于因违约所造成的损失,并且包括合同完全履行后依常理可以给对方当事人带来的利益损失。这样的规定,不仅可以使当事人不再轻易订立合同,也提高了公民的法律意识,使双方当事人都会谨慎地签订合同,严格执行合同义务,降低无效合同的产生,减少合同纠纷发生,也让当事人的合法权益得到最高的保护。(2)关于违约和违约金的规定。在全社会日益增强法律意识的前提下,有很多的合同中出现了违约金的有关规定。《合同法》第114条第2款规定:"约定的违约金缔约损失的,当事人可以请求人民法院或者仲裁机构予以增加;约定的违约金过分高于造成的损失的,当事人可以请求人民法院或者仲裁机构予以适当减少。"由此可以看出,违约金主要是以补偿性为主,其次是惩罚性,这样明确约定违约行为责任,不仅使违约后的责任更容易划分,也使双方当事人在订立合同时就明确了责任,肯定了《消费者权益保护法》第49条关于赔偿的侵权赔偿制度,明确了一个合同既有违约金又有定金时如何使用的问题。(3)因第三人的原因造成违约的,当事人一方应当向对方承担违约责任。这主要依据的是合同相对性的原理,这样的规定不仅可以简化合同的纠纷,也可以使合同的债权、债务关系明了化,更有利益于当事人因违约造成的损失的赔偿权益得以实现。

五、违约责任与侵权责任的竞合

违约责任与侵权责任的竞合,又称加害给付,是指在一方当事人违约时,不仅造成了对方的合同权利即债权的损害,违反了约定义务,而且侵害了对方的人身或者财产权益,违反了法定的义务,受害者既可请求对方承担违约责任,也可请求对方承担侵权责任。我国《合同法》对违约责任与侵权责任的竞合做了如下的规定:

第一,确认了责任竞合的构成要件。责任竞合是指"因当事人一方的违约行为,侵害对方人身、财产权益"。换句话说,违约方必须是一种违约行为同时侵害了非违约方的人身权和其他财产权益。当事人一方的违约行为没有侵害对方人身和财产权益，不构成责任竞合。

第二，允许受害人就违约和侵权两种责任中任选其一。这是指在发生责任竞合以后，应当由受害人做出选择，而不是司法审判人员为受害人选择某种责任方式。在通常情况下，受害人能够选择对其最为有利的责任方式，如果受害人选择不适当也应当由受害人自己负担不利的后果。

第三，受害人只能在违约责任和侵权责任中选择一种责任提出请求，而不能同时基于两种责任提出请求，即受害方有权依照《合同法》要求加害方承担违约责任或者依照其他法律要求加害方承担侵权责任。这实际上意味着受害人只能选择一种责任形式提出请求，法院也只能满足受害人一种请求，而不能使两种责任同时并用。

两种责任既然有差别，法律不做强行规定，而让当事人根据自己的情况选择，这符合合同自由及民法一些基本精神，能够更好地保护当事人权益。

【典型案例(一)】

违约方承担对方损失后，是否需继续履行合同？①

甲油料厂与某供销社订立一份农副产品供销合同，双方约定由供销社在1个月内向甲油料厂供应黄豆30吨，每吨单价1000元。在合同履行期间，乙公司找到供销社表示愿意以每吨1500元的单价购买20吨黄豆，供销社见其出价高，就将20吨本来准备运送给甲油料厂的黄豆卖给了乙公司，致使只能供应10吨黄豆给甲油料厂。甲油料厂要求供销社按照原合同的约定供应剩余的20吨黄豆，供销社表示无法按照原合同的条件供货，要求承担甲方损失并解除合同。甲油料厂不同意，坚持要求供销社履行合同。

【以案说法(一)】

本案中，甲油料厂要求供销社继续供货是有法律依据的。因为，双方合同约定由供销社供应甲油料厂黄豆30吨，现供销社只供应了10吨黄豆，所以甲油料厂有权要求继续供货。依《合同法》第107条的规定，订立合同的目的就在

①《中华人民共和国合同法：案例应用版》，中国法制出版社2009年版，第102-103页。

于通过履行合同获取预定的利益,合同生效后当事人不履行合同义务,对方就无法实现权利。如果违约方有履行合同的能力,对方(受损害方)认为实现合同权利对自己是必要的,就有权要求违约方继续履行合同。违约方不得以承担了对方的损失为由拒绝继续履行合同,受损害方在此情况下,可以请求法院强制违约方继续履行合同。

【典型案例(二)】

违约金与损害赔偿金如何适用?①

原告与被告于2005年2月10日订立了一份购销轴承2000套的合同,合同规定每套400元,总价款80万元,交货期为2005年4月30日。合同规定:"如果逾期交货,乙方(被告)应向甲方(原告)支付违约金10万元。"合同订立后,被告由于多方面原因未能按合同约定的期限交货,原告多次催促,被告一直拖延交货。原告为解燃眉之急,为了履行与其他企业签订的产品购销合同,被迫从市场上以每套420元的价格购进2000套相同规格的轴承。此后,原、被告就违约赔偿问题发生争议,原告遂向法院起诉,要求被告支付违约金10万元,并赔偿损失4万元。

【以案说法(二)】

解决本案的问题,关键是理清违约金与损害赔偿两者的关系:首先,应优先适用约定违约金条款,只有在约定的违约金低于或过分高于实际损失的情形下,才予以增加或适当减少。其次,法定损害赔偿额对违约金的适用具有约束性。约定违约金条款生效后,其具体的违约金数额确定还有赖于实际损失额的大小。再次,我国《合同法》规定的违约金是补偿性违约金,而补偿性违约金是损害赔偿额的预定,故无论发生了何种违约形态,补偿性违约金的支付均应与违约损害相适应。所以,如果约定的违约金过分高于造成的损失的,当事人有权请求人民法院或者仲裁机构予以适当减少。至于何为"过分高于",如何"适当减少",应由法官行使自由裁量权进行裁判。本案中,原告的经济损失为4万元,违约金为10万元,相差2.5倍,依一般认识,可以认定为"过分高于",

①《中华人民共和国合同法:案例应用版》,中国法制出版社2009年版,第106-107页。

可由人民法院予以适当减少。当然,人民法院不经当事人申请,不宜主动依职权去减少或增加约定违约金额。

【典型案例(三)】

一般侵权责任与违约责任如何选择?①

谢某驾驶中型货车超速行驶,张某驾驶的中型客车相向开来,谢某行驶时未靠右侧行驶,致两车于路右偏左发生碰剐,造成两车受损,客车中的乘客杨某受伤住院治疗。该事故经交警部门责任认定:谢某、张某分别应负本次事故的主、次要责任,乘客即原告杨某免负本次事故的责任。另查明,谢某受雇于庄某,张某受雇于肖某。杨某要求谢某、庄某、张某、肖某连带赔偿医药费、护理费、误工补贴、伙食补助费、交通费、营养费共计12300.2元。

【以案说法(三)】

本案案情并不复杂,却涉及旅客运输合同、雇佣、无共同故意的侵权等诸多的法律关系。要正确处理本案,就要准确理解与把握原告基于旅客运输合同违约之诉与侵权之诉的选择、两个雇主与其雇员对外的连带责任、无意思联络的共同侵权人承担连带赔偿责任、连带责任人内部份额与外部责任等法律关系。

本案是以旅客运输合同为基础法律关系,产生的一般侵权责任与违约责任两种民事责任的竞合。本案中,杨某是乘客,肖某是承运人,张某是肖某雇请的司机,故杨某与被告肖某之间构成旅客运输合同关系。但承运人雇请的司机被告张某在运输过程中由于未注意来车,避车不当致乘客受伤。承运人已违反旅客运输合同约定的"应安全送达"这一义务,已构成违约,乘客可以依法提起违约责任之诉,追诉承运人的违约责任。

由于同一行为,产生了既违反《合同法》的有关规定,又违反了《侵权行为法》的有关规定的情况,出现了违约民事责任与侵权民事责任的竞合问题。依《合同法》第122条规定,受损害方可依《合同法》请求违法行为人承担违约责任,也可依其他法律的规定请求违法行为人承担侵权责任,受害人可自由选

①《中华人民共和国合同法:案例应用版》,中国法制出版社2009年版,第115-116页。

择。本案中,由于被告张某避车不当,致乘客杨某受伤害,既构成违约,又构成侵权,乘客杨某可选择违约之诉,也可选择侵权之诉来维护其自身的合法权益。从本案来看,乘客杨某选择侵权之诉,对其权利的维护更为有益。杨某可以请求承担本事故主要责任的共同侵权方都参加到诉讼中来,使二者共同连带赔偿其损失。

【法条链接】

中华人民共和国合同法

第一〇七条 当事人一方不履行合同义务或者履行合同义务不符合约定的,应当承担继续履行、采取补救措施或者赔偿损失等违约责任。

第一〇八条 当事人一方明确表示或者以自己的行为表明不履行合同义务的,对方可以在履行期限届满之前要求其承担违约责任。

第一〇九条 当事人一方未支付价款或者报酬的,对方可以要求其支付价款或者报酬。

第一一〇条 当事人一方不履行非金钱债务或者履行非金钱债务不符合约定的,对方可以要求履行,但有下列情形之一的除外:

(一)法律上或者事实上不能履行;

(二)债务的标的不适于强制履行或者履行费用过高;

(三)债权人在合理期限内未要求履行。

第一一一条 质量不符合约定的,应当按照当事人的约定承担违约责任。对违约责任没有约定或者约定不明确,依照本法第六十一条的规定仍不能确定的,受损害方根据标的的性质以及损失的大小,可以合理选择要求对方承担修理、更换、重作、退货、减少价款或者报酬等违约责任。

第一一二条 当事人一方不履行合同义务或者履行合同义务不符合约定的,在履行义务或者采取补救措施后,对方还有其他损失的,应当赔偿损失。

第一一三条 当事人一方不履行合同义务或者履行合同义务不符合约定,给对方造成损失的,损失赔偿额应当相当于因违约所造成的损失,包括合同履行后可以获得的利益,但不得超过违反合同一方订立合同时预见到或者应当预见到的因违反合同可能造成的损失。

经营者对消费者提供商品或者服务有欺诈行为的,依照《中华人民共和国消费者权益保护法》的规定承担损害赔偿责任。

第一一四条　当事人可以约定一方违约时应当根据违约情况向对方支付一定数额的违约金,也可以约定因违约产生的损失赔偿额的计算方法。

约定的违约金低于造成的损失的,当事人可以请求人民法院或者仲裁机构予以增加;约定的违约金过分高于造成的损失的,当事人可以请求人民法院或者仲裁机构予以适当减少。

当事人就迟延履行约定违约金的,违约方支付违约金后,还应当履行债务。

第一一五条　当事人可以依照《中华人民共和国担保法》约定一方向对方给付定金作为债权的担保。债务人履行债务后,定金应当抵作价款或者收回。给付定金的一方不履行约定的债务的,无权要求返还定金;收受定金的一方不履行约定的债务的,应当双倍返还定金。

第一一六条　当事人既约定违约金,又约定定金的,一方违约时,对方可以选择适用违约金或者定金条款。

第一一七条　因不可抗力不能履行合同的,根据不可抗力的影响,部分或者全部免除责任,但法律另有规定的除外。当事人迟延履行后发生不可抗力的,不能免除责任。

本法所称不可抗力,是指不能预见、不能避免并不能克服的客观情况。

第一一八条　当事人一方因不可抗力不能履行合同的,应当及时通知对方,以减轻可能给对方造成的损失,并应当在合理期限内提供证明。

第一一九条　当事人一方违约后,对方应当采取适当措施防止损失的扩大;没有采取适当措施致使损失扩大的,不得就扩大的损失要求赔偿。

当事人因防止损失扩大而支出的合理费用,由违约方承担。

第一二〇条　当事人双方都违反合同的,应当各自承担相应的责任。

第一二一条　当事人一方因第三人的原因造成违约的,应当向对方承担违约责任。当事人一方和第三人之间的纠纷,依照法律规定或者按照约定解决。

第一二二条　因当事人一方的违约行为,侵害对方人身、财产权益的,受损害方有权选择依照本法要求其承担违约责任或者依照其他法律要求其承担侵权责任。

【扩展阅读】

违约金与定金罚则[1]

A公司与B公司签订买卖合同,由A公司卖给B公司一套价款为200万元的设备。B公司按照约定给了A公司10万元定金。双方当事人在合同中还约定,任何一方不履行合同都要给对方15万元违约金。假设A公司不履行合同,B公司是要求其支付违约金,还是要求适用定金罚则?假设B公司撕毁合同,A公司是要求其支付违约金,还是要求适用定金罚则?

如果A公司不履行合同,B公司应当选择适用违约金,因为违约金的金额是15万元。如果选择适用定金罚则,A公司双倍返还定金20万元,其中10万元是B公司自己的,B公司只得到10万元的补偿。B公司选择违约金,不影响其向A公司交付的10万元定金。A公司不返还,则构成不当得利。

如果B公司撕毁合同,A公司也应当选择适用违约金,因为违约金有15万元。如果选择定金罚则,其只能没收B公司交付的10万元定金。A公司选择适用违约金,但应当返还已收的10万元定金。A公司依主动债权与被动债权相抵销,即实际上不需要返还10万元定金,B公司实际再向A公司交付5万元,即等于向A公司交付了15万元的违约金。

①刘晓霞:《合同法学》,兰州大学出版社2006年版,第142页。

第七单元　合同管理点滴

——加强合同管理　防范相关风险

关于合同管理

【精讲精析】

一、合同管理概述

（一）合同管理的概念

合同管理是指合同当事人对以自身为当事人的合同依法进行订立、履行、变更、解除、转让、终止以及审查、监督、控制等一系列行为的总称。其中，合同的订立、履行、变更、解除、转让、终止是合同管理的内容，对合同的审查、监督和控制是合同管理的手段。通常来讲，合同管理是作为企业管理的一项重要内容而存在的，管理不好合同就管理不好企业。同时，合同管理也绝不是只管理合同文本，其应当是全岗位、全过程的管理。只有正确的合同管理，才能实现企业合同管理的目的。合同管理有广义和狭义之分，一般而言，合同管理是从狭义角度来讲的，即企业合同管理。对于市场来说，企业合同管理的重要性和必要性在于：它能够实现企业对市场的承诺，体现企业的诚信，提升企业的品牌和形象，使企业更牢固地立足市场，实现可持续发展。对企业来说，合同管理的重要性和必要性在于：一方面，使企业的生产经营与市场接轨，满足市场的需要，提高企业适应市场和参与市场竞争的能力；另一方面，使企业在履约过程中维护自身的合法权益，提高企业经济效益。

合同管理是市场经济条件下企业管理的一项核心内容，企业管理的方方面面都应围绕着这个核心而展开。成功的企业合同管理，是把合同的权利义务按职能分工分解到各部门,由各部门去履行属于自己职能范围的权利义务。只有这样,合同管理才能真正到位,履行责任才能真正落实。可以说,企业合同管理是一个系统工程,需要各子系统、分系统共同配合。

(二)合同管理的特征

1.合同管理是企业的一种自律行为

合同管理是企业自身在生产经营活动中对其所签订的合同及其履行情况,依法独立自主地进行自我审查、自我监督、自我控制,以实现合同目的和企业发展,它体现了经营管理和合同管理一体化的要求。因此,合同管理的主体是企业等市场主体,对象是本企业所签订的合同,性质是企业的自我、自主管理行为。工商行政管理部门对违法合同行为的监督处理是一种行政管理活动,是对合同的外部管理。需要注意的是,企业进行合同管理时除了应完善内部的合同管理制度外,还应遵循合同法等法律法规的规定,使合同从签订、履行到争议处理的整个过程都依法进行,并通过合同管理来提高企业依法经营的整体水平。

2.合同管理是企业生产经营管理的有机组成部分

企业的合同管理是伴随着企业经营活动同步进行的,企业的计划、科技、生产、市场营销、合资、合作、联营、承包、租赁及其管理活动,都直接或间接地表现为利用合同来实现其职能,合同管理贯穿于上述活动之中。因此,企业合同管理已成为企业经营管理的核心内容之一,企业内部各个职能部门应遵循协作管理的原则,在负责人的统一组织下,认真做好合同签订和履行中本部门的工作。

3.合同管理的内容具有广泛性

合同是市场主体的一种民事行为,遵从平等和自由的原则。因此,企业应在遵守法律的基础上,对合同进行全面管理,即对合同实行“全员”管理、“全方位”管理、“全过程”管理。相对而言,合同的行政监管范围则受到一定的限制,合同监管应尊重和维护当事人的合同意愿,其重点是查出利用合同进行的违法行为,维护市场交易秩序;开展合同鉴证、合同行政调解,管理合同示范文本等,即其表现形式是对合同的引导和监督,而合同的日常管理主要是由企业进行的。

(三)合同管理的必要性

随着社会主义市场经济体制的建立和深入发展,市场主体将拥有更大的独立性和自主权。市场主体之间的经济往来主要是通过合同来实现的,合同在本质上是商品生产和商品交换的产物,是联结不同商品生产经营者之间的桥梁和纽带。要发展市场经济,就必须实行合同制,合同法是我国社会主义市场经济的基本法律制度。合同这种形式之所以具有其他手段所不能替代的作用,在于它遵从平等和自愿的原则,不仅作为法律事实可以依法产生、变更和终止法律关系,而且合同的内容、双方的权利义务是由合同主体自愿协商确定,从而极大地体现了当事人的意志。因此,它有利于保障企业自身在市场经济中的独立主体地位和经济利益,有利于调动和发挥企业在商品生产和商品交换中的主动性和积极性,也有助于抑制行政机关的不当干预。《合同法》颁布后,企业的法定代表人及其有关人员应把《合同法》的贯彻执行和企业合同管理工作摆到重要议事日程上来,守合同,讲信用,严格按照合同和订单组织生产和销售。

二、合同管理是企业管理的重要组成部分

许多企业领导非常重视企业管理工作,但是他们不知道合同管理也是企业管理的重要组成部分。一同他们谈营销管理、质量管理,便侃侃而谈;一同他们谈合同,便无话可说,仿佛合同与他们从事的企业管理工作无关,只是律师们的事情。其实,这是一种误解。企业管理说到底是企业行为的管理,是对企业利润目标的管理,是对企业通过自己的行为获取利润过程的管理。而合同正是企业对外行为的规则,并且直接关系企业的收入和支出,是企业的利润之舟。企业管理工作怎么能不包括合同管理呢?实践经验已经反复告诉我们,“管理不好合同,就管理不好企业”。合同管理应当是企业管理的重要组成部分。

企业是个集合体,由领导者和执行者组成。企业的交易行为是由企业的员工代表企业进行的。代表企业完成交易行为的员工一般包括企业采购业务部门的员工、销售业务部门的员工、质量检验和仓储部门的员工、财务会计部门的员工等等。企业的领导者如何管理这些普通员工的行为,使其正确地维护企业的利益,正确地履行企业的义务,恰如其分地完成企业的对外行为,从而实现企业的合同目标呢?这的确是每一个领导者在管理企业的工作中无法回避的问题。

首先,企业的领导者少,执行企业业务的员工多,员工的职务行为发生在不同的空间和时间,企业的领导者不可能通过现场直接指挥和监督的方法去管理员工的职务行为。其次,虽然企业的规章制度对员工具有约束力,对管理

企业员工的对外职务行为具有重要作用,但是,企业的规章制度是企业意志和利益的抽象,不可能具体到每个员工的每一个具体职务行为。比如,企业的规章制度无法规定货物的价格、质量、期限等,企业的内部制度在效力上无法与合同相对抗。所以,规章制度虽然是企业管理的重要工具,但绝不是唯一的工具,领导者仅依靠规章制度绝不足以管理好企业员工的对外职务行为。

利用合同管理企业的对外行为,并不是说企业对外签订的合同都要由企业的主要领导起草。企业可以通过制定合同管理制度、编制格式合同或合同示范、建立合同审查批准流程等办法,达到通过合同管理企业对外行为的目的。通过合同管理本企业员工的对外职务行为,就需要企业加强合同管理,把合同管理纳入企业管理的范围。只有企业对合同施以有效的管理,代表企业进行对外行为的员工才能做他们该做的,合同才能为企业带来利润,企业才能够实现自己的利润目标。

三、合同管理是全岗位、全过程管理

在许多企业,一谈到合同管理,企业的领导或业务部门的负责人往往会说,“这是法务部门的事情,我不太清楚”,或者说“我们企业聘有律师,专门负责企业的合同管理”。在企业内部,合同管理绝不只是法务部门或律师的事情,也不是一两个部门或岗位的事情,而应当是与合同有关的各个部门、各个岗位共同的事情。在企业内部,合同管理不是谁管谁不管的问题,而是各个部门和岗位面对每一份工作时,其权利是什么?其责任是什么?部门与部门之间、岗位与岗位之间既互相协作又互相监督的问题。

以一份原料采购合同为例:采购什么、采购多少、什么时候到货是计划部门对生产部门的责任,同时是计划部门对采购部门的权利;采购什么质量标准的、什么规格型号的货物是计划部门对质量、技术部门的责任,同时也是计划部门对采购部门的权利;选择最好的合同对方,商定好合同文本,拟设企业合同利益,防避合同风险,是采购部门和法务部门的责任;审核合同是否履行批准程序,正确用印是行政部门的责任和权利;执行合同,保质、保量、按时、按约定条件组织原料入厂是采购部门的责任;接受质量检验部门对原料的检验是采购部门的义务,代表企业对到货的原料进行检验,判定其是否符合合同约定的质量标准是质量检验部门的权利,保证检验结果的真实性是质量检验部门的义务;验定到货的数量、包装是否符合合同的约定是仓储部门的权利,保证入库的原料足金足两是仓储部门的责任;按合同约定组织资金供应是财务部

门的义务，付款时审验合同、质检单、入库单、发票是财务部门的权利；使用原料的车间对原料的质量享有监督反馈的权利等等。由此可见，企业合同管理应当是以追求企业合同利益为目标，以合同的订立和履行为主线，企业内部各相关部门和各相关岗位共同的事情。没有各部门、各岗位的共同参与就管理不好合同。

同时，在企业内部，当我们谈到合同时，往往容易把合同和合同书混为一谈。其实，对企业来说，从合同管理的角度讲，合同书与合同是不能混为一谈的。合同书是记载合同内容的书面文件，是一个固化的、静态的东西；而合同是合同书所记载的内容从发生到发展，最后到完结的过程，是动态的、完整的过程。合同管理应当是对这个从发生到发展，最后到完结的全过程的管理，而不应当只是对合同文本的管理。只有把合同看作一个过程，对合同的全过程进行全程管理，才能对合同进行有效的管理，才能实现企业合同管理的目的。

对企业来说，一个合同的全过程大致可以包括如下阶段：

1.计划生成，策划、拟定合同模式阶段；

2.考评、选择合同对方阶段；

3.谈判、商拟交易条件起草合同文本阶段；

4.合同文本审查、批准、签署生效阶段；

5.标的物交付或履行前的准备阶段；

6.标的物交接或履行过程阶段；

7.标的物或工作成果质量检验阶段；

8.标的物或工作成果数量验定入库阶段；

9.合同价款或报酬结算阶段；

10.售后服务质量保证阶段；

11.合同归档和合同对方评价阶段；

12.分歧、问题、争议的报告阶段；

13.协商救济阶段；

14.法律救济阶段。

其中：1～4为合同订立过程；5～10为合同履行过程；11为合同后或为下单交易做准备的过程；12～14为合同利益救济过程。不同的合同，合同过程所包括的阶段可能有所不同，每个阶段的内容和重点也可能不同。

四、法务部门的合同管理职责

从上面的分析可知：要想实现企业的合同目的，企业对合同的管理应当是全岗位、全过程的管理。那么，企业的法务部门在企业的合同管理中应当承担什么职责？起到怎样的作用呢？

企业法务部门由专职法律顾问或外聘律师组成，是企业内部设立的专门负责企业法律事务的职能部门。企业法务部门或法律顾问的职责有许多，但合同管理是企业法务部门的一项重要职责。

（一）企业法务部门应当承担的主要职责

1.企业登记管理；

2.参加企业对外投资和企业并购活动，并在其中负责法律事务；

3.参加企业的合同管理工作；

4.参加企业的知识产权管理工作；

5.为企业的劳动合同管理提供法律支持；

6.代表企业进行诉讼活动；

7.参加企业有关制度的起草工作；

8.为企业业务部门提供法律咨询和法律服务；

9.对企业员工特别是涉法岗位的员工进行法律知识和有关制度的培训；

10.企业领导交办的临时工作。

（二）企业法务部门在企业合同管理工作中承担的职责

1.编拟企业合同管理制度，并督促、检查合同管理制度的执行；

2.根据其余人需要和可能协同业务部门拟定最佳合同模式；

3.参加企业重大经济合同的谈判工作，并起草合同文本；

4.参加各种合同的审稿工作，提高合同文本质量，防弊合同中的法律风险；

5.为业务部门订立和履行合同提供法律支持，依法有效维护企业的利益；

6.参加以协商方式处理企业在合同履行过程中与对方发生的分歧和争议，并起草相关的法律文件；

7.代表企业就有关合同提起诉讼或仲裁，依法维护企业的正当权益；

8.代表企业应对合同对方提起的诉讼或仲裁，最大限度地维护企业的利益；

9.对本企业的重大合同事故或重大合同损失进行调查，查明原因并向企业领导提交调查报告，并提出处理意见；

10.定期对本企业和下级企业的合同管理工作进行检查，写出检查报告以推进企业的合同管理工作；

11.对本企业的有关领导和业务岗位人员进行《合同法》及有关法律法规的培训。

合同管理是企业法务部门的一项重要职责，法务部门在企业合同管理工作中起到其他部门不可替代的作用。企业要想管理好自己的合同事务，防弊合同风险，实现自己的合同利益，没有法务部门的积极参与和有效工作不行，但是单有企业法务部门的努力而没有业务部门的有效工作也不行，必须把两者有机地结合起来。法务部门要想做好自己的工作离不开业务部门，离不开企业的具体业务，否则，法务工作就是无本之木，就会迷失方向，就会丧失存在的价值；而业务部门要想做好自己的业务也无法离开法务部门的支持，离开了法务部门的支持，业务部门就会变成“瘸子”，困难重重。对此，一位资深业内人士曾形象地比喻说：“合同业务好比是面粉，法律支持好比是水，只有两者相结合，并且比例恰到好处，才能做出美味可口的馒头。”

【典型案例】

一

某企业与一外国企业订立一份成套设备（二手）进口合同，但合同签订后就一直存放在企业总经理的办公桌内，进口通关手续也是委托中介机构代办的，企业设备主管部门只知道有这回事，但根本不了解合同的具体内容。设备到货后，设备部门根据领导的口头指示接受设备，但由于手中没有合同，只能“盲目”地接收了事。待设备基金到全，厂房建成后，对设备进行安装时，相关部门发现设备根本不能使用。这时才找出合同，虽然所到设备与合同规定根本不符，但已经过了合同规定的异议期限，企业最终不得不接受近千万元的经济损失。

二

某企业与一原料供应商签订采购原料合同一份。合同约定：企业先付款30%，款到后原料供应商发货，货到后经企业检验合格，企业付款70%。如原料供应商所发原料经企业检验不符合合同约定，企业必须在10日内通知原料供应商，原料供应商必须在接到通知后7日内派专人到企业协商处理。

合同签订后,企业如期付款30%,原料供应商如期发货。原料供应商在货到企业后的第5天凭发票和发货单据向企业财务部门议付,企业财务部门便将70%的货款全部支付。事后,企业质量检验部门对所到原料进行检验,结果发现所到货物不符合合同约定,后企业向原料供应商发出通知,要求原料供应商派人来企业协商处理。结果,原料供应商答复:根据合同约定,在贵公司对所到货物检验合格后方才支付70%的货款,现贵公司已将该货款支付我方,即为我方货物已经贵公司检验合格,现又说不合格,无以为信,拒绝协商。

关于合同的审查与修改

【精讲精析】

一、合同的审查

合同审查制度,是企业制定的关于合同审查、管理方面的具体规范。企业可根据自身的特点,在其合同管理制度中对合同的审查程序、内容、方式等做出具体的规定,合同管理体制不同,往往会采用不同的合同审查程序。

合同审查就是按照法律法规以及当事人的约定对合同的内容、格式进行审核。要审查合同如何成立或者是否成立,如何生效或者是否生效,有无效力待定或者无效的情形,合同权利义务如何终止或者是否终止,相应的合同约定或者条款会产生什么样的法律后果,会产生什么样的民事法律关系、行政法律关系、刑事法律关系。审查过程中,要时刻考虑法律后果概念,使法律后果概念贯穿每一环节。因为,任何一个环节出现问题或者发生特定的情况,都会导致特殊的法律后果发生。

合同审查的目的是为了保证合同合法有效、公平合理。合同的内容主要可以分为技术性和商务性两大部分。技术性主要是针对合同标的的内容,商务性主要是权利和义务是否公平对待。合同审查主要是商务性的,当然技术性也要审查。我们讲合同审查制度,主要是审查主体是否合法、代理人的授权委托文书是否具备、合同内容是否合法、合同条款是否完备、合同违约责任是否清楚。下面就其审查的主要内容做一阐述:

1.审查合同主体、主管负责人的资格证明;如果属于代订合同,则审查有没有委托人的授权委托证明,还要审查是否在授权范围和授权期限内签订合同;对于有担保人的合同,则需审查担保人有没有担保能力、担保资格。

2.审查合同内容的合法性。审查合同内容是否合法时,着重审查合同内容有无损害国家、集体、第三人利益,有无违反法律、行政法规的规定,有无以合法形式掩盖非法目的现象,有无损害社会公共利益,等等。

3.审查合同意思表示的真实性。

4.审查合同条款。依据合同的性质,参照有关的法律法规对合同具体条款进行仔细审查,看其内容上有无疏漏之处,合同每一条款的内容是否明确、具体、可行。尽量避免合同条款不全或者内容过于抽象、原则、简单的现象,因为这将给合同履行带来障碍,易导致双方产生纠纷。

5.审查合同的文字表达。审查时,必须对合同的全部内容进行反复、仔细推敲,看其内容是否恰当、规范。对合同双方权责的规定是否明确,尤其要看文字表述是否准确、简练,有无前后意思表达矛盾的地方、语言表达不清晰的地方,措辞是否严谨。对于易发生误解,甚至产生歧义的语词,一旦发现就立刻修改,确保文字语言表达准确无误。

6.审查签约手续及形式是否完备。第一,对于属于专业类型的合同,看其是否遵循了具体的法规和规章订立专项或专业条款。第二,对于已事先约定,必须取得公证后才能生效的合同,则审查有无经过公证。第三,对于附有生效期限的合同,则审查期限是否已截止。第四,对于约定由第三人充当保证人的合同,则核查有无保证人的签名或盖章;对于设置抵押担保的,假如法律规定或者双方约定需进行抵押物登记,则审查是否办理抵押物登记手续;而对于选择质押担保的,根据合同约定的质物交付日期,查看是否按时办理交付的相关手续。第五,审查合同当事人的签字或盖章。

经过合同归口管理部门审查的合同,具体审查人员要出具体审查意见书。意见书的主要内容应当明确:主送单位、对合同的审查意见,要具体写明;如无意见,应在法律顾问意见栏写明无意见;审查人员署名以及审查时间。

二、合同的修改

合同的修改实际是要变更合同。变更合同的程序与签订合同一样,要求双方协商一致,或由司法机关直接变更。公司一方要求变更合同的,应当事先向法律部门报告,并提出变更意见;对方要求变更的,经办人员接到对方通知后应立即报告法律顾问室,并会同法律顾问室提出处理意见。变更后的合同或变更协议应当报法律顾问室备案。

对于合同修改的主体,应当由经办人员修改。经主管领导批准,也可以由法律顾问直接修改,但必须征得经办人员的同意。如果经办人员不同意,应当由业务部门和法律顾问室共同报送主管部门裁定。

【典型案例】

企业经营中合同审查的技巧①

2003年10月10日,南京某特大企业(供方,以下简称甲方)与苏州某大型合资公司(需方,以下简称乙方)签订PTA化工产品购销合同一份,合同约定:甲方供给乙方PTA6000吨(11月、12月各3000吨),按月定价,款到发货。同年11月履行了3000吨供货协议,双方无争议;同年12月,乙方于当月24日交付1800万元汇票一张,甲不同意供货,乙方取回汇票,双方发生纠纷。乙方于2004年2月26日向南京市仲裁委员会申请仲裁,认为其已经支付了合同约定的货款,甲方拒绝发货构成违约;甲方认为不构成违约,因为乙方已经取回汇票(货款),合同事实上已被解除。

南京市仲裁委员会仲裁庭经过审理,于2004年11月25日对此案做出裁决:甲方胜诉,驳回申请人乙方的全部诉讼请求。

【以案说法】

分析该案不难发现,本案是一起典型的因合同条款约定不明确而导致的诉讼纠纷。合同的条款过于简单,未对一些必须明确的重要内容做出规定,在合同审查时又未对其进行严格审查。稍稍留意便可发现,此合同少之又少,整个内容还不足一页纸。假如双方在订立合同时,事先对付款及供货方式、履行合同的时间地点等内容做出明确约定,就可避免纠纷的发生。

此外,本案存在的另一个值得注意的问题是:在该合同的履行过程中,对于票据是“取回”还是“退回”,双方始终未曾签字固定,使得难以认定究竟哪一方违约。所以一旦发生纠纷,取证将非常困难。

①详见《草拟、单审查合同书、参与商事谈判》,http://blog.sina.com.cn/s/blog_727890d40100o5p3.html

合同对企业开展生产经营活动不可或缺,是企业从事经济活动的纽带,也是企业实现经营目的、取得经济效益的手段,因此在签订合同时进行法律审查非常必要,这是企业维护自身利益的重要保障。因此,企业只有提高防范意识,建立起科学、完善的合同管理制度,才能最大限度地提高抵御风险的能力,降低风险的损害程度,从而保障企业健康发展。

【法条链接】

青岛市行政机关合同审查暂行规定

第二条　本市行政机关订立合同、协议及其他合意性法律文件(以下简称合同),适用本规定。

本规定所称行政机关是指本市各级人民政府、政府职能部门和政府派出机构。

议事协调机构和临时机构不得从事经济活动及订立相关合同。

第三条　行政机关订立合同,应当遵循合法、诚信原则。

第四条　市政府法制机构负责监督本规定的实施,并向市政府报告实施情况。

政府订立的合同,由同级政府法制机构负责审查;政府职能部门和政府派出机构订立的合同,由其承担法制职能的机构负责审查。

第五条　合同一般应当具备以下条款:

(一)合同主体的名称或者姓名和住所;

(二)合同标的或者项目的详细内容;

(三)合同当事人的权利和义务;

(四)履行期限、地点和方式;

(五)违约责任及赔偿损失的计算方法;

(六)合同变更、解除及终止的条件;

(七)合同争议解决方式;

(八)生效条件、订立日期。

第六条　行政机关订立合同不得有下列内容:

(一)超越行政机关职权范围的承诺或者义务性规定;

(二)违反法律规定以行政机关作为合同保证人;

(三)其他违反法律、法规、规章或者损害国家、社会公共利益的约定。

第七条 行政机关订立合同应当注意以下事项:

(一)对合同对方当事人的资产、资质、信用、履约能力等情况进行全面了解;

(二)选择合同争议解决方式时,应当优先选择本地人民法院或者仲裁机构,涉外合同应当优先约定适用我国法律和仲裁规则;

(三)合同涉及国家秘密和商业秘密的,应当做好保密工作。

第八条 合同起草单位的法制机构应当参与合同的谈判、起草工作。

政府订立的合同,起草单位应当向同级政府法制机构提供合同拟订文本及相关材料;政府职能部门和政府派出机构订立的合同,起草单位应当向其承担法制职能的机构提供合同拟订文本及相关材料。

合同订立后拟进行变更的,行政机关应当按照合同订立审查程序办理。

第九条 合同涉及重大公共利益的,起草单位应当征求社会意见;涉及重大、疑难问题的,起草单位应当召开由有关单位或者专家参加的座谈会、论证会,听取意见,研究论证。

第十条 法制机构应当对以下内容进行审查:

(一)合同主体是否合法;

(二)合同条款是否完整;

(三)合同内容是否符合有关法律、法规、规章的规定;

(四)合同是否损害国家利益和社会公共利益;

(五)其他需要审查的事项。

第十一条 法制机构就合同有关问题向合同起草单位提出询问的,起草单位应当即时回复;不能即时回复的,应当在三个工作日内以书面形式回复。

第十二条 送审的合同拟订文本,法制机构应当在七个工作日内提出法律审查意见。

未经法制机构审查的合同不得订立。

第十三条 政府订立的合同,应当由政府负责人或者其委托的人员签订;政府职能部门和政府派出机构订立的合同,由该单位负责人签订。

第十四条 订立合同过程中取得的材料和资料,行政机关应当立卷归档。

第十五条 合同起草、订立和审查机关违反本规定的,依法追究责任人员的行政责任;构成犯罪的,依法追究其刑事责任。

第十六条 政府直属事业单位订立合同的,参照本规定执行。

关于合同的履行及档案、印章的管理

【精讲精析】

市场经济作为“合同经济”,市场主体间的各种交易均需通过合同来实现和完成,所以说合同就是企业开展交易活动的载体,是企业通向市场的桥梁、中介,合同对企业的重要性不言而喻。可以毫不夸张地说,合同对一个企业来说至关重要。有人说合同是决定企业发展的“命门”。合同法律风险,是企业经营活动中容易遇到的最主要风险之一,处理不当,不但会干扰企业经营活动的效果或导致企业遭受经济损失,还会导致企业解散、破产等极端情况的出现。

一、合同履行

合同履行指合同生效后,双方当事人依照合同约定,进行货物交付、劳务提供、完成工作、支付价款等,最终履行其义务,实现合同的目的。一个合同签订后,要使合同中的权利义务内容最终能够顺利实现,合同履行过程中所进行的组织和管理工作显得尤为重要。具体需要做好以下工作:

1.专人落实合同任务。合同签订后,要设专人负责合同的登记、统计、分类、编号和对具体执行情况的记录、监控、管理,确保合同约定的实质性内容能够得以落实,保证合同按期履行。

2.全程监督、检查,督促合同任务的实现。合同管理人员要经常深入基层,督促各有关部门按时、按质、按量地完成合同中所确定的任务。

3.完成货物交接工作。这是履行合同的重要环节,供方按合同规定的期限、交货方式及其他要求,按时向需方交付货物,不得延误,非依合同的明确约定,否则一般不得提前交货。需方及时做好接收货物和验收的前期准备工作,按时完成货物的验收、价款支付等工作。

4.加强合同履行监督,及时处理违约纠纷。合同管理是全过程的管理,企业除了重视合同的签订,其后的履约监督工作也非常重要,通过监督能够随时掌控履行情况,及时察觉阻碍履行的因素并能尽快向管理层及各部门反馈,找到最佳应对措施。一旦违约纠纷发生,合同管理部门应及时给予审查,寻求法律帮助,查找恰当的法律法规,根据纠纷的具体情况,可以协商、仲裁或诉讼等,最终选择妥善的解决方式化解矛盾,最大限度维护企业权益,减少经济损失。

二、合同档案管理

合同档案管理制度是合同管理制度的组成部分,也是单位为维护自身的合法权益而采取的必要手段。通过对合同的档案管理,可以保存与合同有关的相关证据材料,一旦发生纠纷,可以及时运用档案记载的内容,依法维护单位的权益。合同档案是记载合同履行全部情况的文字资料,其主要内容包括:档案的期限、档案的管理部门、合同档案的归档与借阅、档案利用及档案管理责任等。合同档案管理制度的目的在于强化合同文档管理工作,提升合同管理水平,满足企业将合同管理工作制度化、规范化、科学化的需求。合同文档必须派专人负责管理。

合同档案管理的重点是:对于履行较长的合同必须建档;已经履行完毕的合同,其相关资料归档后备查;档案管理单位要按合同的性质分类保管,便于查阅。对于发生经济纠纷的合同,要及时整理相关的资料便于合同管理部门处理。

三、合同印章管理

合同印章是指合同的专用章。设有分公司的总公司或者经营业务较大的公司本部,签订合同可以采用合同专用章的形式,由有关部门掌握使用而不是用公司的行政用章。合同专用章是我们经常使用的企业印章。

由于公章代表企业的行为,加盖合同专用章,就等于承认了合同的条款,就要受到合同的约束,因此,加强对合同印章的管理是企业的一项重要任务。合同印章管理就是要把合同专用章的刻制与使用的有关规范性要求明确化,便于遵守执行,防止出现违规用章,避免给企业造成损失。

合同印章管理制度的主要内容包括印章管理部门、印章的刻制原则、印章的管理程序、使用印章的要求等。

为了保证合同专用章使用有章可循,应当有相应的规章制度。企业应结合本单位的实际情况,从有利于签订合同、有利于合同管理的原则出发,确定具体的规范内容。对于合同量小的公司企业来说,可以将印章使用的内容规定在合同管理办法中,不一定单独设立一个规章。

对印章管理的使用要有规范，明确在什么情况下可以使用合同专用章，什么情况下不能使用合同专用章。例如，要求合同专用章必须在合同签订时使用，不得将合同专用章用于非合同文书，不得在空白纸页上盖合同专用章，不得用于其他方面的情况等。

对印章使用的监督检查应当由企业法律部门负责。法律部门应定期或不定期地检查合同专用章的使用情况，对违法使用规定的行为，有权责令其改正；因此给公司造成经济损失的，由法律部门提出处理意见，报公司总经理审定；必要时，可以收回合同专用章。

【典型案例（一）】

白某诉海南技术公司遗失其档案赔偿案①

1989年初，海南经济技术开发公司（简称技术公司）对外公开招聘员工，白某应聘到技术公司工作。应白某的要求，技术公司未经人事劳动部门批准，于1990年2月21日发函往白某原工作单位贵州凯里八七三厂，要求该厂同意白某调出，并由白某自带档案到公司报到。八七三厂收到技术公司的函后，即将白某的人事关系（包括行政、工资、档案）寄给技术公司。技术公司收到后不久又将白某的档案退回八七三厂，八七三厂又于1991年1月15日将白某档案寄给技术公司。此时，白某已自动离开技术公司外出打工。1992年8月15日，白某到海口市电子工业公司工作。同年12月8日，海口市电子工业公司在拟调干部登记表上签章，同意接收白某，白某便前往技术公司要档案，技术公司称档案已遗失。白某向海南省人劳厅反映，省人劳厅于1993年5月19日函告技术公司，要求查找档案。次日，技术公司分别向八七三厂、省人劳厅出具证明，承认丢失了白某的档案。1993年9月，技术公司找到了白某的档案，立即通知白某前去领取。由于双方处理意见不一致，白某未取走自己的档案，技术公司又于1993年11月13日将白某的档案寄到八七三厂。八七三厂于1996年1月3日将白某的档案寄到海口市人才交流中心（未办托管手续），现白某的档案存放在海口市人才交流中心。白某从1992年8月15日至1996年3月期间在海口市电子工业公司工作。1996年3月，该公司裁减人员，白某由于没有档案而被

①详见《白万锦诉海南经济技术开发（集团）公司遗失其人事档案致其无法调动工作赔偿案》，http://www.110.com/ziliao/article-41141.html

裁减。白某被裁减后一直未落实好固定的工作单位,为此,白某向海南省海口市某区人民法院提起诉讼。

原告白某起诉称:1989年5月,我应聘到被告技术公司工作,次年5月被告向我原工作单位发函,将我的人事档案调到被告处。1992年当我到被告处办理调动手续时,被告却将我的档案遗失,导致我不能办理正式的调动手续,我也因此失去了调动工作的良机,给我精神上、经济上造成损失。故请求法院判令被告安排我的工作并订立无固定期限劳动合同至法定退休年龄;补交历年来应交纳的各种社会保险;赔偿经济、精神损失8万元;理顺工作关系的连续性及承担本案的诉讼费用。

被告技术公司辩称:我公司为原告开出的商调函,仅限于调阅,并非调动,且事实上原告的档案并没有丢失。原告污蔑、诽谤我公司,使我公司声誉受到影响,其理应向我公司赔礼道歉。

最后,此案经海口市某区人民法院审理后认为:被告技术公司未经人事劳动部门批准,擅自办出原告白某的人事关系,违反了干部管理(流动)制度。被告收到原告档案后又不妥善保管,使其档案遗失多时,造成原告找到接收单位因没有档案而使其调动落空,给原告精神上、经济上造成一定损失,被告对此应负主要的民事责任。原告不按正常的干部管理渠道办理调动手续,也应承担相应的民事责任。原告在被告处工作时间不长,又没有签订劳动合同,其要求与被告签订无固定期限劳动合同,补交历年来的各种社会保险和计算连续工龄的请求,没有法律依据,应予驳回。依照《中华人民共和国民法通则》第5条之规定,该院于1998年4月4日做出如下判决:一、限被告在本判决发生法律效力后10日内向原告偿付经济损失和精神损失人民币2万元。二、驳回原告的其他诉讼请求。

【以案说法(一)】

本案反映出的问题值得我们去认真思考。事实上,我国《民事诉讼法》及最高人民法院的相关司法解释,对法院受理的民事案件范围,从来没有也不可能做出具体规定,只会做原则性规定,即受理平等主体之间因财产关系和人身关系提起的民事诉讼;而对不予受理的事项,往往做出较明确的规定。同时,有关法律、法规就某类事定有前置程序的,在该法律规定范围内发生的争议,法院作为民事案件受理,应服从前置程序的限制。因此,一般来说,不能以法无明文规定某类事项可由法院做民事案件受理为理由，作为法院不予受理的理由，法院应根据纠纷是否属平等主体之间的财产关系、人身关系争议，是否同时还受前置程序的限制，来决定是否受理原告的起诉。

对于此案而言，法院对原告的起诉应否受理呢？这里我们可以从以下几方面来分析认定：

首先，原告与被告之间的法律关系。无论原告调往被告单位工作的行为是否合法，双方之间确曾有过一段事实劳动法律关系，但自原告离开被告单位时该关系已终止。事实劳动法律关系终止后，被告依行政管理权占有原告人事档案的根据就丧失了，但在交付于原告或按原告指示交付于有关方面之前，被告对原告人事档案的占有就变为保管性质。基于对劳动者利益的保护，由被告负担交付前的妥善保管义务（即便按无因管理，无因管理人对管理的物也有妥善保存的义务），应是这种情况下的法律规定性。也就是说，基于一种客观事实，原、被告之间在事实劳动关系终止后，仍存在人事档案的事实保管关系。在这种情况下，因人事档案是依随原告并对原告有法律上利害关系的特殊的"物"，它就成为保管的标的。而这种保管关系因双方之间已不存在劳动关系，而从原来的行政管理上的占有转变为平等主体之间的物的保管关系。所以，原告诉被告丢失其档案要求赔偿，就不可能属于劳动争议的范畴。

其次，从原告起诉的理由来看，其是以被告遗失其档案，致使其失去了调动工作的机会为理由，要求赔偿损失的。这显然是基于"物"的损害而提起的损害赔偿之诉，而不是劳动争议。当然，原告要求被告承担的民事责任具体形式，表现为劳动法律关系上的内容，这不是"物"的损害下的责任形式，故而法院不能支持原告所要求的责任形式。但这只能说原告所主张的责任形式不当，不能以法院不能按此判决为理由说原告的起诉不属法院受理。这是两种不同性质的法律问题。

再次，本案的实质问题并不在于被告曾"丢失"原告的档案，而在于原告在被后来工作的单位裁减后，要找到一个"适当"的理由重新找到工作。在这种情况下，就要考虑被告一时"丢失"原告的档案，当时是否发生了损害原告工作利益的事实。一方面，被告当时"丢失"档案，并未影响原告到另一单位工作，原告事实上在另一单位工作至1996年3月；另一方面，被告在找到档案后已及时通知了原告，原告未取走，被告寄回原告原工作单位也是顺理成章的事。所以，原告在知道自己的档案下落后，长时间的不管不问，对自己的利益漠不关心，其主张被告丢失其档案造成损失，就没有事实依据，要求赔偿的请求就属应驳回的问题,而不是不受理的问题。

最后,原、被告之间产生的争议,完全是平等主体之间的争议。原、被告之间曾存在过劳动法律关系,这种关系在性质上仍属平等主体之间的民事关系,但是在发生劳动争议时,法律规定有处理劳动争议的前置程序,使法院不能越过前置程序直接受理劳动争议。原告离开被告之后,双方之间不再存在劳动法律关系,被告对原告也不再有任何行政管理权,仅仅因原告的人事档案还在被告处未被转出,双方之间存在着"物"的移转联系。此时,"物"的移转虽然有其特殊性,即按人事档案管理的要求,可能不会直接交付于本人,而交付于接受本人的单位,但这种交付在本质上仍属对本人的履行。因此,在本人已离开原单位后,请求原单位移转本人档案,仍是本人可享有的权利。既然如此,这种关系的性质就为平等主体之间的已脱离劳动法律关系内容的"物"的交付民事关系。在这里需要明确的一点是,民法上的"物"不能等同于"财产","物权"也不等同于"财产权"。一般来说,民法上的"物"是指存在于人身之外、能够为人力所支配并能满足人们某种需要的物体。公民个人的人事档案完全符合这些特征,所以是个人享有的物权的客体,自然可以适用物权的保护方法加以保护。换言之,民法上的"物",不仅仅指具有金钱价值和交易价值的构成"财产"的物,也包括那些不能以金钱计算价值和不具有交易价值的,但确能为个人支配并满足其某种需要的物,这在现实生活中是多有表现的。因此,如果机械地理解"平等主体之间因财产关系和人身关系提起的民事诉讼",就很容易把不属"财产"的物上争议排斥在法院可受理的民事诉讼范围之外,这也许正是二审做出不予受理的裁定的根本原因所在。

【典型案例(二)】

合同履行不能时必须解除合同①

2001年12月7日,立水桥村委会作为甲方与作为乙方的司铎签订《土地承包合同书》,约定:甲方将东至清河营村排水沟,西与南为京包铁路(及北京市新建轻轨线),北至公路,呈三角形地块,总面积126.2亩的土地发包给乙方。乙方为实现北京市70万公顷"绿色屏障"包围京城,实现今年"五河十路"绿色

①详见《合同履行不能时必须解除合同》,http://news.9ask.cn/htjf/htzhongzhi/htjc/201102/1101464.shtml

工程，实现2008年“绿色奥运”，承包该土地后建设“清河竹园”花园，作为北京市绿化配套。承包期限自2002年3月1日起至2032年3月2日止，期限30年。承包费用分两期标准：第一期自2002年3月1日起至2017年3月1日止，每年承包金为95500元；第二期自2017年3月1日起至2032年3月1日止，每年承包金额为143250元。在乙方承包期间，双方任何一方除不可抗力因素外，违背各自所应承担的义务和责任视为违约，违约方要按法律规定赔偿给对方经济损失，有下列情形之一的，可以解除合同：本合同履行期间如土地荒芜（没能达到40%以上绿化不可抗终止合同。不可抗拒因素除外，甲方有权终止合同）等。合同签订后，立水桥村委会将上述土地交给司铎，司铎支付立水桥村委会土地承包金5万元，此后未再支付承包金。2002年9月3日，司铎园林公司注册成立，司铎园林公司成立后，由该公司使用上述承包土地。就承包土地的具体使用，各方当事人于法院庭审中均认可司铎及司铎园林公司种了树，但就具体情况不能达成一致。司铎、司铎园林公司认为其完成了合同要求，立水桥村委会则认为未达标，承包土地荒芜。

值得一提的是，2005年12月31日，北京市人民政府做出《关于朝阳区2005年度批次城市建设用地征地的批复》，同意北京市土地整理储备中心朝阳分中心实施奥运森林公园平衡资金用地北苑集团中区南部地区C区土地一级开发使用，包括涉案司铎承包在内的土地31.9958公顷（479.94亩），并按规定办理相关手续，缴纳相关税费，其中建设用地13.1217公顷。

【以案说法（二）】

依据我国《合同法》的规定，根据当事人的意识自由订立的合同是有效合同，合同依法成立后，自然具有法律约束力。本案的被告和原告在遵守我国相关法律规定的前提下，于2001年12月7日，立水桥村委会作为甲方与作为乙方的司铎签订了《土地承包合同书》，合同中没有违法内容，并且当事人双方意思表示真实，双方事先已约定，在合同约定的承包期内，双方任何一方除不可抗力因素外，违背各自所应承担的义务和责任的视为违约，违约一方理应按法律规定赔偿给对方经济损失。

【法条链接】

中华人民共和国合同法

第六十条 当事人应当按照约定全面履行自己的义务。

当事人应当遵循诚实信用原则,根据合同的性质、目的和交易习惯履行通知、协助、保密等义务。

第六十八条 应当先履行债务的当事人,有确切证据证明对方有下列情形之一的,可以中止履行:

(一)经营状况严重恶化;

(二)转移财产、抽逃资金,以逃避债务;

(三)丧失商业信誉;

(四)有丧失或者可能丧失履行债务能力的其他情形。

当事人没有确切证据中止履行的,应当承担违约责任。

关于合同授权委托管理制度

【精讲精析】

授权委托制度是法律制度中的重要内容。公司的大量经济活动都是通过授权委托完成的。公司的董事长作为法定代表人,是公司合法的全权代表,有权对外从事全部的对外行为,并由公司承担法律后果。其他员工都是经过法定代表人的授权委托进行相应的工作。在对外经济交往中,表明经办人的身份和权限主要就是看其授权委托书的内容,审查其是否有权代表公司进行相应的经济活动。对于公司管理来说,授权委托是一项法律活动,直接关系到公司的经济效益,因此,要有相应的管理方法,明确授权委托的有关问题。

授权委托制度是合同管理制度的组成部分,其内容主要是授权委托的管理部门、授权委托制度的分类及管理程序、对被委托人资格审查和手续的办理、被委托人的责任等。要明确授权委托的归口管理部门。现在,一般企业都有法律顾问室,负责企业的制度管理。因此,凡是程序的授权,都由法律顾问决定。签订合同等实体性授权问题,由法律顾问报经总经理批准后办理。授权委托办理程序是:经办人向法律顾问提出申请,申请内容包括申请人姓名授权的内容、授权期限、用途等。法律顾问根据申请人的申请,经审查符合条件的,办理经办手续。

【典型案例】

某企业应一家招标企业之邀,派员参加开标活动,招标企业向投标企业发来了事先拟好的授权书。根据该格式授权书,投标企业派出的人员拥有代表企业的全权,在业务部门提请监印人员盖章时,监印人员要求经法律顾问审查,企业的法律顾问认为如此的授权书无必要,而且对企业又有风险,提出与招标企业协商。经与招标企业协商,修改为授权本企业员工龚某某代表企业参加开标活动,并在开标记录上签字。

【以案说法】

实务中,企业对本企业员工进行授权时,如果企业不能有效地管理自己的授权行为,就可能引致合同风险,甚至遭受合同损失。企业在授权合同中应当注意如下问题:

1.是否需要授权。企业有关合同主要分为两类,一类是履行合同的活动,一类是订立合同的行为。对于第一类合同,如果是由企业的职能部门或岗位人员进行的,企业就无须出具授权书,在这种情况下,职能部门和岗位部门人员的授权是基于企业的内部分工,是常态化的。对于第二类合同,企业的法定代表人或负责人应依法享有代表企业的权利,可以凭借自己的签字使合同生效。

2.谨慎出具授权书,确需企业授权的企业应当制作授权书,企业应当避免口头授权。

3.授权值得信任的人。企业出具授权委托书,代理人代表企业为一定法律行为,其结果无论对企业是否有利,都必须由企业承担。

4.超过授权期限的、撤销授权的,授权书应当及时收回。

【法条链接】

中华人民共和国民法通则

第六十三条 公民和法人可以通过代理人实施民事法律行为。

中华人民共和国合同法

第四十八条 行为人没有代理权、超越代理权或者代理权终止以后以被代理人名义订立的合同,未经被代理人追认,对被代理人不发生效力,由行为人承担责任。

【扩展阅读】

律师审查、起草合同应该注意的几个问题①

一份好的合同应该是:目的正当,内容、形式和程序有效,各方权利与义务关系均衡,具有可操作性,结构合理,体例合理。

一、弄清当事人拟签合同的真正目的

实践中,明明是加工承揽合同,有的当事人当作买卖合同处理;明明是一般合作建房合同,有的当事人当作合作开发房地产合同处理,结果导致合同名不副实。有的当事人企图以合法形式掩盖非法目的。例如,明明是企业相互借贷合同,确要搞成一份合作经营合同。只有明确合同目的,律师才能搞清合同各方的真实意思,确定合同的性质及合同的准确名称;才能"规划"合同双方的权利和义务及违约责任,确保合同的有效性。

二、审查合同的有效性

审查合同的有效性的依据是,《民法通则》第58条的规定和《合同法》第52条的规定及一些特别法的相应规定,尤其应特别注意相关法律、法规和司法解释当中强制性和禁止性规定。关于合同有效性问题,一般指三个方面,一是合同主体是否适格,二是合同目的是否正当,三是合同内容、合同形式及程序是否合法。合同个别条款无效并不导致整个合同无效,整个合同无效并不导致

①详见《律师审查、起草合同应该注意的几个问题(1)-(6)》,http://www.civillaw.com.cn/article/default.asp?id=43039

合同约定的仲裁条款无效。当合同部分无效时，只需修改该个别条款；当合同整个无效时，就得重新起草一份新的合同。

三、审查合同的平衡性

没有只有权利而没有义务的合同，一方享受了权利，就必须承担相应的义务，权利与义务必须“匹配”，不应出现有权利主体而没有义务主体，或有义务主体而没有权利主体的情形，一方当事人的权利内容应与另一方当事人的义务相对应。过分强调一方的权利、忽略合同相对方的利益的合同草稿，要么得不到签署，要么变成“显失公平”。

四、审查合同的可操作性

合同缺乏可操作性的表现，主要有：对合同各方权利的规定过于抽象、原则，对合同各方的义务规定不明确、不具体；或虽对各方的义务做了详细规定，但没有违约责任条款或对此规定不清，合同虽规定了损失赔偿但没有计算依据，整个交易程序不清晰，合同用语不确切等。

从本质上讲，合同就是立约方对合同所涉事项的事先“规划”和“设计”，这种规划和设计既包括对立约各方“角色”的规划和设计，也包括对交易程序的“规划”和“设计”，还包括立约各方如果在履行过程中产生争议不能达成共识一旦“诉诸法律”的“规划”和“设计”。

五、审查合同结构的合理性

要让合同整体框架协调、各条款功能互补，从而避免和减少合同条款之间的矛盾和歧义。

合同通常由三部分组成，即首部、内容、结尾。首部一般包括标题、合同编号、双方当事人名称、住所、邮政编码、法定代表人、电话、传真、电子信箱、开户行、账号等；内容一般包括签订合同的依据和目的（常见的鉴于条款）、标的物、数量和质量、价款或酬金、履行方式、地点和期限、违约责任、合同生效及终止、不可抗力、争议的解决方式、法律适用、保密、权利放弃、权利转让、继承者和受让人、修订、可分割性、全部协议（常见的取代条款）、未尽事宜、通知、合同正副本份数及保存、附件等；合同结尾一般包括签约单位盖章及签约单位授权代表签字、签约时间、签约地点等。

在对合同标的物、数量、质量、价款或酬金、履行方式、地点、期限等合同必备条款进行叙述后，采取专章的形式对各方权利与义务进行界定，然后就是各方的保证和承诺，紧接着就是违约责任条款及争议解决方式，其他条款统统放在合同后半段或以“一般规定”做单章叙述。如此安排，一为抓住重点，二为叙述方便,三为保证合同整体框架的协调。

六、审查合同体例的适用性

合同体例既要根据委托人要求和委托人情况而定,又要注意与合同所涉事项、金额、履行方式、有效期、操作难易程度等因素相一致,即因人而异、因事而异,不能千篇一律。根据具体要求不同,有的合同方方面面的内容都要涉及,有的合同却力求简要;有的合同采取先有“章”,后有“条”,“条”下面是“款”,“款”下面是“项”,有的合同只有“条”“款”“项”,有的合同干脆就按“一、二、三……”顺序排列。

第八单元　依法处理合同纠纷

——合同纠纷常见的解决途径

【精讲精析】

一、合同纠纷知多少

想要很好地解决合同纠纷,就必须对合同纠纷有个全面的了解。合同纠纷,是指发生在合同关系中,因解释、履行合同等行为引起的合同当事人之间的争议。合同纠纷主要表现在合同当事人对于那些导致合同法律关系产生、变更或消灭的法律事实,以及合同法律关系的内容存在不同的理解、持不同的观点和看法,从而引发争议纠纷。

合同纠纷有可能发生在从合同关系成立到合同关系终止的整个过程中。当事人在签订合同后,最理想的状态便是合同各当事人都按照合同约定的内容诚实守信地履行属于自己应履行的合同义务、行使属于自己的正当合同权利,直至合同内容完满执行完毕。但是在现实生活中往往事与愿违,总会出现各种各样的原因导致合同在签订直至履行结束整个过程中出现各种各样、或大或小的纠纷。产生纠纷的原因既可能是因为合同当事人自己的主观原因,也可能是因为当初在签订合同时或者合同履行过程中出现客观情况发生变化等客观上的原因。总之,合同完满履行完毕,没有任何纠纷争议的情况是不太常见的。一旦出现合同纠纷,当事人没能够及时有效地予以解决的话,就会对当事人造成不必要的麻烦,严重的还会因此而引发更为激烈的矛盾冲突,从而得不偿失。

合同纠纷产生的原因无外乎两个方面,即主观原因和客观原因:

1.合同纠纷产生的主观原因

合同是当事人合意产生的,是双方当事人在平等、自愿的基础上协商一致达成的协议。当事人双方各自按照合同履行约定的权利、义务是毫无疑问的。但是，合同签订后，一方当事人可能会因为种种原因，主观上不想履行合同或者不想全部履行合同。例如，在房屋租赁合同中，在租赁期限内，由于所租赁房屋的租赁价格上涨，出租方想借势涨价，而承租方当然会提出继续按原合同约定的价格继续租赁房屋的要求，于是双方当事人极有可能因此发生纠纷。再如，在保险合同中，约定发生一定的情形才属于赔保范围，但是对于所发生的情形是否属于理赔范围，保险人和投保人可能会产生不同的理解，造成在理赔时双方产生纠纷。可见，主观原因往往会引起违约行为，再由违约行为引发合同纠纷的产生。但是，在现实生活中，纯粹的主观原因是很少见的，主观原因背后往往存在着一定的客观原因。

2.合同纠纷产生的客观原因

一项合同，从订立到履行完毕，除即时履行完的之外，往往经历一个时间过程。在合同履行过程中，会经常出现一些客观上的原因，导致合同无法按照约定履行，由此引起合同纠纷。这里所指的客观上的成因，指那些并非由合同当事人主观意志所导致的，因合同履行过程中发生的客观情形上的变化而引起纠纷的原因。比如，在合同履行过程中发生了不可抗力，致使合同不能全部或部分履行。双方当事人对不可抗力的范围，遭受不可抗力的一方是否采取了措施防止损失扩大，不可抗力是否已经导致合同不能按约履行等问题的看法上不一致，因而引起纠纷。再如，由于双方当事人在订立合同时未周全考虑，致使合同在履行过程中出现履行地点不明确，履行方式不明确，交付标的物数量、质量或者规格不明确等情况，协商之后仍不能达成一致时就会产生纠纷。一项合同纠纷，有时由单纯的主观原因或客观原因而引起，有时则既有主观原因又有客观原因，这种主客观原因共同引发合同纠纷的情形比较常见。合同纠纷，归根到底是违背了双方当事人当初订立合同时的意图。合同在履行过程中甚至履行终了时，发生纠纷是在所难免的，重要的是在发生纠纷之后如何能行之有效地化干戈为玉帛，止纷息诉，使合同最大限度地得到履行，尽量降低合同当事人的损失。

二、发生合同纠纷应如何解决

认识了合同纠纷产生的原因之后，对于合同纠纷本身，我们也要有个清醒的认识。合同纠纷是平等主体的公民、法人或其他组织之间在签订或者履行合同的过程中产生的纠纷，是一种民事法律行为。因此，合同纠纷从属性上来说是属于民事纠纷，处理合同纠纷只能通过民事方式来解决，譬如协商、调解、民事仲裁和民事诉讼。

（一）协商

1.什么是协商

当事人自行协商解决合同纠纷，是指合同纠纷的当事人，在自愿互谅的基础上，按照国家有关法律、政策的规定和当事人在合同中的约定，通过摆事实、讲道理，以达成和解协议，自行解决合同纠纷的一种方式。这也是有效解决合同纠纷的最佳方式。

合同签订之后，在履行过程中，由于各种因素的影响容易产生纠纷，有了纠纷应当从有利于维护团结、有利于合同履行的角度出发，怀着互相体谅、互相谦让的态度，争取在较短的时间内通过协商求得纠纷的解决。对于合同纠纷，尽管可以采用仲裁或者诉讼的方式来解决，但由于通过这种解决方式不仅耗时耗财，而且也不利于团结，不利于以后的合作与往来。用协商的方式解决，程序简便、迅速及时，便于减轻仲裁和审判机关的压力，节省仲裁、诉讼费用，有效地防止经济损失的进一步扩大，同时对于当事人之间的友谊也可能破坏最小，有利于巩固和加强双方的协作关系，扩大往来，推动经济的发展。由于这种处理方法不仅能彻底地解决当事人之间的纠纷，而且还能尽量对当事人之间的感情减少伤害，因此在各类经济合同纠纷的处理中，协商解决的方法相当盛行。但是，有时由于外部因素的影响，可能达成不平等协议，也不能强制执行。

2.协商应遵循的原则

合同双方当事人之间自行协商解决合同纠纷时，应当遵守以下原则：

第一是平等自愿原则。当事人双方进行协商必须在平等自愿的基础上进行，即不允许任何一方以暴力或以暴力相威胁强迫对方进行协商，更不能利用对方当事人的不利条件进行威胁，或者在显失公平的情况下，强迫对方答应只有对方尽义务，没有己方负责任的“霸王协议”。

第二是合法原则，即双方达成的和解协议。其内容要符合法律和法规规定，不能损害国家利益，社会公共利益和他人的合法利益。否则，当事人之间为解决纠纷达成的协议不具有法律效力。

3.协商时应注意的问题

发生合同纠纷的双方当事人在自行协商解决纠纷的过程中应当注意以下问题：

第一,分清责任是非。协商解决纠纷的前提必须是分清责任是非。当事人双方不能一味地推卸责任,否则会不利于纠纷的解决。因为,如果双方都认为自己有理,责任在对方,那么就难以做到互相谅解和达成协议。

第二,态度端正,坚持原则。在协商的过程中,双方当事人既互相谅解,以诚相待,勇于承担各自的责任,又不能一味地迁就对方,进行无原则的协商和解。尤其是对在纠纷中发现的违反公序良俗、违背道德良心的情况,要勇于拿出证据提出自己的要求。对于违约责任的处理,只要合同中约定的违约责任条款是合法的,就应当追究违约责任,过错方应主动承担违约责任,受害方也应当积极向过错方追究违约责任,决不能以协商为名,进行违背社会公序良俗、违背社会伦理道德、违反法律法规之勾当。

第三,及时解决。如果当事人双方在协商过程中出现僵局,争议迟迟得不到解决时,就不应该继续坚持协商解决的办法,否则会使合同纠纷进一步扩大,特别是一方当事人有故意的不法侵害行为时,更应当果断及时地采取其他方法进行纠纷的解决。

(二)调解

1.什么是调解

合同纠纷的调解,是指双方当事人自愿在第三方(即调解人)的主持下,在查明事实、分清是非的基础上,由第三方对纠纷内容进行说明剖析,对当事人进行劝解开导,促使他们互谅互让,达成和解协议,从而解决纠纷的一种方式。

调解具有以下几个特征:

第一,调解是在第三方的主持下进行的,这与当事人双方自行和解有着明显的区别。

第二,主持调解的第三方在调解过程中只负责在查清纠纷事实的基础上劝导双方当事人相互谅解,或提出中肯的调解意见,促使双方达成调解协议,而不做出裁决,这一点与仲裁有着本质的区别。

第三,调解依然要依据事实和法律,进行合法调解。

2.调解应遵守的原则

发生合同纠纷的双方当事人在通过第三方主持的调解来解决合同纠纷时,应注意遵守以下几个原则:

第一,自愿原则。自愿有两方面的含义:一是纠纷发生后,是否采用调解的方式解决,完全依靠当事人的自愿。调解不同于审判,如果纠纷当事人双方根本不愿用调解方式解决纠纷,那么就不能进行调解。二是调解协议必须是双方当事人自愿达成。调解人在调解过程中要耐心听取双方当事人的意见，在查明事实的基础上，对双方当事人进行说服教育，耐心劝导，晓之以理，动之以情，促使双方当事人互相谅解，达成协议。调解人既不能代替当事人达成协议，也不能把自己的意志强加给当事人。如果当事人对协议的内容有意见，则协议不能成立，调解无效。

第二，合法原则。根据合法原则的要求，双方当事人达成协议的内容不得同法律和政策相违背，凡是有法律、法规规定的，按法律、法规的规定办；法律、法规没有明文规定，应根据党和国家的方针、政策，并参照合同规定和条款进行处理。

3.调解的类型

根据国家有关的法律法规的规定，合同纠纷的调解，主要有以下三种类型：

（1）人民调解，又称诉讼外调解。人民调解是指在人民调解委员会主持下，以国家法律、法规、规章和社会公德规范为依据，对民间纠纷双方当事人进行调解、劝说，促使他们互相谅解、平等协商，自愿达成协议，消除纷争的活动。《人民调解工作若干规定》第20条对民间调解纠纷的范围做了具体的规定，人民调解委员会调解的民间纠纷包括：发生在公民与公民之间、公民与法人和其他社会组织之间涉及民事权利义务争议的各种纠纷。现实生活中，当事人之间的合同纠纷，完全可以由人民调解委员会进行调解而得以解决。人民调解同样要遵守自愿与合法原则，另外还应当尊重当事人的诉讼权利，不得因调解不成而阻止当事人向人民法院起诉。

（2）行政调解，是指根据一方或双方当事人的申请，当事人双方在其上级业务主管部门的主持下，依据事实与法律，促使当事人双方自愿达成调解协议，从而解决纠纷的一种方式。行政调解不是纠纷解决的必经程序。当事人双方达成调解协议的，要采用书面形式写成调解书作为解决纠纷的依据。行政调解是作为国家行政机关，对经济和社会生活进行管理的一种手段，行政调解与人民调解手段相当，产生的调解协议也是仅具有民事合同的效力，不具有强制执行力。

（3）法院调解，又称为诉讼中的调解，是指在人民法院的主持下，双方当事人平等协商，达成协议，经人民法院认可后，终结诉讼程序的活动。合同纠纷起诉到人民法院之后，在对案件进行审理之前，人民法院本着以最小的诉讼成本解决民事纠纷的原则会先进行调解，用调解的方式解决合同纠纷，是人民法院处理合同纠纷的一种重要手段。在人民法院主持下,当事人双方达成调解协议,人民法院依据调解协议制作的调解书与判决具有同等效力。调解书一送达双方当事人便产生法律效力,双方都必须按照调解书确定的内容执行。如果一方当事人拒不执行或者不完全执行,另一方当事人可以向人民法院提出申请,要求人民法院对其实行强制执行。当然,在执行过程中,双方当事人也可以依据自愿合法的原则进行执行中的和解。根据《民事诉讼法》的相关规定,人民法院进行调解必须坚持自愿、合法的原则,调解达不成协议或调解无效的,应当及时进行裁判,不能久调不决。

(三)仲裁

1.什么是仲裁

仲裁指双方当事人根据有效的仲裁协议,将纠纷提交给仲裁机构进行处理的一种争议解决方式。仲裁协议一旦依法成立,当事人不得再就争议事项向法院提起诉讼。同诉讼相比,仲裁具有快速、便捷、高度保密、裁决便于执行、能够充分体现双方当事人的意思自治、有利于维持和发展争议双方之间的商事关系等特点。

2.仲裁的特点

生活中,我们接触仲裁的案件不是很多,下面简单介绍一下仲裁的特点。

第一,自愿性。当事人的自愿性是仲裁最突出的特点。仲裁以双方当事人的自愿为前提,即当事人之间的纠纷是否提交仲裁、交与谁仲裁、仲裁庭如何组成、由谁组成以及仲裁的审理方式、开庭形式等,都是在当事人自愿的基础上,由双方当事人协商确定的。因此,仲裁是最能充分体现当事人意思自治原则的争议解决方式。

第二,专业性。民商事纠纷往往涉及特殊的知识领域,会遇到许多复杂的法律、经济贸易和有关的技术性问题,故专家裁判更能体现专业权威性。因此,由具有一定专业水平和能力的专家担任仲裁员对当事人之间的纠纷进行裁决是仲裁公正性的重要保障。根据《仲裁法》的规定,仲裁机构都备有分专业的、由专家组成的仲裁员名册供当事人进行选择,专家仲裁由此成为民商事仲裁的重要特点之一。

第三,灵活性。由于仲裁充分体现当事人的意思自治,仲裁中的诸多具体程序都是由当事人协商确定与选择的,因此,与诉讼相比,仲裁程序更加灵活,更具有弹性。

第四,保密性。仲裁以不公开审理为原则。有关的仲裁法律和仲裁规则也同时规定了仲裁员及仲裁秘书人员的保密义务。因此，当事人的商业秘密和贸易活动不会因仲裁活动而泄露。仲裁表现出很强的保密性。

第五，快捷性。仲裁实行一裁终局制，仲裁裁决一经仲裁庭做出即发生法律效力。这使得当事人之间的纠纷能够迅速得以解决。

第六，经济性。仲裁的经济性主要表现在：时间上的快捷性使得仲裁所需费用相对减少；仲裁无须多审级收费，使得仲裁费往往低于诉讼费；仲裁的自愿性、保密性使当事人之间通常没有激烈的对抗，且商业秘密不必公之于世，对当事人之间今后的商业机会影响较小。

第七，独立性。仲裁机构独立于行政机构，仲裁机构之间也无隶属关系。在仲裁过程中，仲裁庭独立进行仲裁，不受任何机关、社会团体和个人的干涉，亦不受仲裁机构的干涉，显示出最大的独立性。

3.仲裁与诉讼的区别

仲裁与诉讼有很大的区别。首先，仲裁只适用于民事纠纷，行政案件特别是刑事案件不适用仲裁方式。其次，进入仲裁程序必须以双方当事人自愿为前提，而诉讼并无此要求。一般来说，进入仲裁程序的双方当事人都是事先在合同中订立了仲裁条款，或者是在争议发生后，双方经协商后同意以仲裁方式解决纠纷。如果只是一方当事人单方面提起仲裁，仲裁机构不能受理。此外，仲裁机构专业性强，对于特殊领域的合同纠纷，仲裁比诉讼有明显的优势。另外，仲裁程序比较简便，不像审判程序那么严格、复杂，而且民事仲裁采取“一裁终局制”，解决争议比较迅速。不过，仲裁机构对自己做出的裁决无权强制执行，若当事人不履行，另一方当事人只能请求人民法院强制执行。根据仲裁的这些特点，当事人可以根据自己合同的特点考虑选择以何种方式解决争议。

仲裁是由双方当事人自愿选择的解决纠纷的方式，一般情况下，当事人经过仲裁程序后，即使对仲裁裁决不服，也不能再提起诉讼。但是，我国的劳动仲裁有其特殊的地方，依照《劳动法》的规定，劳动争议要先经过劳动仲裁委员会仲裁，对劳动争议仲裁裁决不服的，才可以向人民法院提起诉讼。

仲裁制度是指民（商）事争议的双方当事人达成协议，自愿将争议提交选定的第三者根据一定程序规则和公正原则做出裁决，并有义务履行裁决的一种法律制度。

仲裁通常为行业性的民间活动，是一种私行为，即私人裁判行为，而非国家裁判行为，它与和解、调解、诉讼并列为解决民（商）事争议的方式。但仲裁依法受国家监督，国家通过法院对仲裁协议的效力、仲裁程序的制定以及仲裁裁决的执行和遇有当事人不自愿执行的情况时,可按照审判地法律所规定的范围进行干预。因此,仲裁活动具有司法性,是中国司法制度的一个重要组成部分。

4.选择以仲裁方式解决合同纠纷应注意的问题

合同当事人将合同纠纷提请仲裁委员会进行仲裁,必须要有有效的仲裁协议。根据《仲裁法》第16条第2款的规定,仲裁协议内容必须具备三个基本要素:一是要有请求仲裁的意思表示,二是要有仲裁事项,三是要有选定的仲裁委员会。其中对第一项和第三项的规定,合同当事人往往会由于不了解仲裁制度和仲裁机构的设置,在合同争议条款中做出以下几种不规范的仲裁协议:第一,约定了仲裁地点,但没有约定仲裁机构,或虽然有约定,但约定的仲裁机构名称不规范,比如在协议中约定"争议在合同签订地(履行地)仲裁解决""争议由本市仲裁机关仲裁""争议本市有关部门仲裁"等。第二,同时约定两个仲裁机构仲裁,比如约定"争议可提交甲市有关仲裁机构仲裁或乙市有关仲裁机构仲裁"。第三,既约定仲裁,又选择诉讼。如"合同履行中如果发生争议,可以向合同履行地(签订地)仲裁机关申请仲裁,也可以直接向人民法院起诉"、"争议由合同履行地仲裁机关仲裁,对仲裁裁决不服,可以向人民法院提起起诉"等。

在现实案例中,上述各类不规范的仲裁协议虽不是一律被认定为无效,但多数会因为无法明确当事人的仲裁意思表示或无法确定仲裁机构而导致约定无效。

此外,合同当事人如何对仲裁事项进行约定也有应注意的问题。我国《仲裁法》规定,平等主体的公民、法人和其他组织之间发生的合同纠纷和其他财产权益纠纷,可以仲裁。这项规定不难理解,但在实际操作中合同当事人如何针对自身的情况确定将提请仲裁的事项是一个值得注意的问题。如合同当事人属长期合作关系,双方在前合同尚未履行完毕时又签订了含有仲裁条款的合同,且两个合同的履行具有一定的交叉性,这样会导致合同当事人之间的纠纷一部分在仲裁管辖范围内,一部分在诉讼管辖范围内,所以一旦发生合同争议,就会出现合同当事人既要进行仲裁,又要到法院诉讼的情况。故为防止类似问题的产生,合同当事人在约定仲裁协议时,应将对前期没有约定仲裁方式的前合同一并写入新合同争议条款中。

（四）诉讼

1.什么是民事诉讼

民事诉讼就是我们通常说的民事官司，是指当事人之间因民事权益纠纷或者经济利益冲突，向人民法院提起诉讼，人民法院立案受理，在双方当事人和其他诉讼参与人的参加下，经人民法院审理和解决民事案件、经济纠纷案件和法律规定由人民法院审理的特殊案件的活动，以及这些诉讼活动中所产生的法律关系的总和。通俗地讲，就是你的人身和经济的合法权益受到侵害时，通过打民事官司，达到制裁民事违法行为，保护自己的合法权益的目的。

2.民事诉讼的特点

第一，公权性。与调解、仲裁这些诉讼外解决民事纠纷的方式相比，民事诉讼是以司法方式解决平等主体之间的纠纷，是由法院代表国家行使审判权解决民事争议。它既不同于群众自治组织性质的人民调解委员会以调解方式解决纠纷，也不同于民间性质的仲裁委员会以仲裁方式解决纠纷。

第二，强制性。强制性是公权力的特别属性。民事诉讼的强制性既表现在案件的受理上，又表现在裁判的执行上。调解、仲裁均建立在当事人自愿的基础上，只要有一方不愿意选择以调解或仲裁方式解决纠纷的，调解、仲裁就无法进行。民事诉讼则不同，只要原告起诉符合《民事诉讼法》规定的条件，无论被告是否愿意，诉讼均会发生。诉讼外调解协议的履行有赖于当事人的自觉履行，不具有强制力。法院裁判则不同，当事人不自觉履行生效裁判所确定的义务，法院就可以依法强制执行。

第三，程序性。民事诉讼是依照法定程序进行的诉讼活动，无论是法院还是当事人和其他诉讼参与人，都必须按照《民事诉讼法》规定的程序实施诉讼行为，违反诉讼程序常常会引起一定的法律后果。诉讼外解决民事纠纷的方式程序性较弱，人民调解没有严格的程序规则，仲裁虽然也需要按预先设定的程序进行，但其程序相当灵活，当事人对程序的自主选择权也相对较大。

3.合同纠纷的诉讼时效

（1）关于诉讼时效

诉讼时效指权利人在法定期间内不行使权利，即丧失请求人民法院依诉讼程序强制义务人履行义务的权利。我国民法规定了三种诉讼时效：①普通诉讼时效，即向人民法院请求保护民事权利的诉讼时效期间一般为2年。②特别诉讼时效，即部分诉讼时效期间为1年。它们包括：身体受到伤害要求赔偿的；出售质量不合格的商品未声明的；延付或者拒付租金的；寄存财物丢失或者损毁的。③最长诉讼时效,即从权利被侵害之日起超过20年的,人民法院不予保护。上述三种诉讼时效期间,前两种从知道或者应当知道权利被侵害时计算,最长诉讼时效期间从权利被侵害之日起计算。

在谈到诉讼时效时,我们还得了解关于诉讼时效的另外两个概念,即诉讼时效的中止和诉讼时效的中断。

诉讼时效中止指在诉讼时效期间的最后6个月内,因不可抗力或者其他障碍不能行使请求权的,暂时停止计算诉讼时效期间,待阻碍时效进行的原因消除后,继续进行诉讼时效期间的计算。权利被侵害的无民事行为能力人、限制民事行为能力人没有法定代理人,或者法定代理人死亡、丧失代理权,或者法定代理人本人丧失行为能力的,可以认定为因其他障碍不能行使请求权,适用诉讼时效中止。但最长诉讼时效不适用诉讼时效中止的规定。

诉讼时效中断是指在诉讼时效进行期间,因发生一定的法定事由,使已经经过的时效期间统归无效,待时效中断的事由消除后,诉讼时效期间重新计算。诉讼时效中断的法定事由有:提起诉讼;当事人一方提出要求;当事人一方同意履行义务;权利人向人民调解委员会或者有关单位提出保护民事权利的请求。诉讼时效的中断要受到20年最长诉讼时效的限制。

对于现实生活中出现的分期付款合同,由于付款是分期给付的,在适用诉讼时效时可能会产生分歧,最高人民法院《关于审理民事案件适用诉讼时效制度若干问题的规定》第5条规定:"当事人约定同一债务分期履行的,诉讼时效期间从最后一期履行期限届满之日起计算。"第6条规定:"未约定履行期限的合同,依照合同法第61条、第62条的规定,可以确定履行期限的,诉讼时效期间从履行期限届满之日起计算;不能确定履行期限的,诉讼时效期间从债权人要求债务人履行义务的宽限期届满之日起计算,但债务人在债权人第一次向其主张权利时明确表示不履行义务的,诉讼时效期间从债务人明确表示不履行义务之日起计算。"

①详见《开发商一房二卖纠纷案》,http://www.110.com/ziliao/article-203193.html

【典型案例】

开发商一房二卖纠纷案①

2008年3月，李先生与被告某开发商签订认购书，认购某小区房屋一套，5000元/平方米，面积100平方米，总房款50万元。根据双方约定，李先生必须提前支付定金2万元，如果李先生不能按开发商通知的时间签订商品房销售合同，定金不退；但却没有约定开发商拒绝签订合同的责任。

签订认购书后，李先生按约定支付定金2万元，又分5次支付50%的房款25万元。2007年2月，李先生持认购书、收据，要求与开发商签订商品房销售合同，却被开发商一口拒绝。后查明，开发商已经以每平方米高于原价2500元的价格，即7500元/平方米的价格将该房屋销售给第三人。开发商表示愿意退还李先生双倍定金和预付房款。

李先生不能接受开发商的条件，遂委托律师起诉，要求开发商退还双倍定金4万元、剩余预付房款23万元、赔偿损失18万元以及利息。

【以案说法】

本案即属于典型的一房二卖的房屋买卖合同纠纷，开发商与购房者签订房屋认购书之后，又将房屋卖给别人。由于开发商是以高于原来的价格将房屋又卖给其他人，因此当第一个签合同的李先生在要求开发商继续签订房屋销售合同时，开发商肯定不会同意，于是双方产生纠纷。

但是根据此前双方签订的认购书中约定，如果李先生拒绝签订商品房买卖合同，将丧失定金。虽然认购书没有约定开发商拒绝签订合同的责任，依据"定金罚则"和公平原则，开发商拒绝签订合同，应当支付双倍定金。

至于李先生提出的18万元损失，依据在于认购书确立了双方签订商品房买卖合同的意向，李先生预付款的行为应当认定为基于对商品房买卖合同能够预期订立产生的信赖而实施的促使合同订立的准备行为，应当认定为"先合同行为"。开发商拒绝与李先生签订房屋买卖合同，应赔偿李先生的信赖利益损失。

---

①详见《开发商一房二卖纠纷案》，http://www.110.com/ziliao/article-203193.html

最终此案经人民法院开庭审理,判决开发商退还双倍定金、剩余房款、赔偿损失以及利息。

【法条链接】

中华人民共和国合同法

第一一五条 当事人可以依照《中华人民共和国担保法》约定一方向对方给付定金作为债权的担保。债务人履行债务后,定金应当抵作价款或者收回。给付定金的一方不履行约定的债务的,无权要求返还定金;收受定金的一方不履行约定的债务的,应当双倍返还定金。

中华人民共和国担保法解释

第一一五条 当事人约定以交付定金作为订立主合同担保的,给付定金的一方拒绝订立主合同的,无权要求返还定金;收受定金的一方拒绝订立合同的,应当双倍返还定金。

第一一六条 当事人约定以交付定金作为主合同成立或者生效要件的,给付定金的一方未支付定金,但主合同已经履行或者已经履行主要部分的,不影响主合同的成立或者生效。

第一一七条 定金交付后,交付定金的一方可以按照合同的约定以丧失定金为代价而解除主合同,收受定金的一方可以双倍返还定金为代价解除主合同。对解除主合同后责任的处理,适用《中华人民共和国合同法》的规定。

第一二〇条 因当事人一方迟延履行或者其他违约行为,致使合同目的不能实现,可以适用定金罚则。但法律另有规定或者当事人另有约定的除外。

当事人一方不完全履行合同的,应当按照未履行部分所占合同约定内容的比例,适用定金罚则。

第一二二条 因不可抗力、意外事件致使主合同不能履行的,不适用定金罚则。因合同关系以外第三人的过错,致使主合同不能履行的,适用定金罚则。受定金罚则的一方当事人,可以依法向第三人追偿。

【扩展阅读】

合同权利义务终止之提存

村民庄某作为个体户从事家具加工的工作,其高超的加工手艺获得了村民的认可。一天,本镇上的某家具厂负责人魏某向庄某定做了50套家具,约定2个月后来取货,并当场支付了7500元的家具款。2个月后,庄某已经将家具做好,并等待魏某来取货。然而,半个月过去了,魏某一直没有来取货。于是,庄某找到魏某要求其取货。魏某则称:目前家具销售不畅,存货大量积压,家具厂暂时不再需要庄某的家具。接下来1个月,庄某一直同魏某交涉,然而魏某总是借故推托,反而还要求庄某返还货款。无奈之下,庄某便将家具向有关部门提存。本案应当如何处理?

本案中,村民与某家具厂的定做合同合法且有效,庄某向魏某交付家具,然而魏某却不予接受并借故推托,根据《合同法》第101条第1款第1项的规定,债权人无正当理由拒绝受领标的物,债务人可以将标的物提存。

第九单元　常见合同面面观

——主要合同概览

与我们生活密切相关的合同有哪些呢?

一、买卖合同

你知道吗?买卖合同算得上是《合同法》中最基本、最常见的合同形式了。它是指出卖人交付标的物,再转移标的物的所有权于买受人,最后由买受人支付价款的合同。其中,依约定应交付标的物并转移标的物所有权的一方称为出卖人,应支付价款的一方称为买受人。作为出卖人,其应当是买卖合同标的物的所有权人或者其他有处分权的人。

与其他合同相比,买卖合同具有以下几个鲜明特征:买卖合同是双务合同;买卖合同是有偿合同;买卖合同是诺成合同;买卖合同为不要式合同。

这里,我们来看看,买卖合同的内容是如何确定的。

买卖合同的内容主要由当事人双方约定,除了标的、数量和质量、价款、履行期限、履行地点、违约责任、解决争议的方法等条款以外,买卖合同的当事人还可就产品的包装方式、检验标准和方法、结算方式以及合同使用的文字及其效力等内容进行约定。

二、赠予合同

赠予合同是指赠予人将自己的财产无偿给予受赠人,受赠人表示接受该赠予的财产的合同。其中,转让财产的一方为赠予人,接受财产的一方为受赠人。赠予合同的特征:赠予合同为诺成合同,赠予合同为单务合同。

赠予合同的效力:赠予合同的效力主要是指赠予合同对赠予人的效力。赠予人的义务主要有如下几项:(1)移转赠予标的物的义务。赠予人的主要义务是依照合同约定的期限、地点、方式、标准将标的物转移给受赠人。赠予的财产依法需要办理登记等手续的，应当办理有关手续。(2)瑕疵担保义务。在赠予合同中，一般不要求赠予人承担瑕疵的担保义务。但如有以下两种情况则例外：一是在附义务赠予中，赠予的财产有瑕疵的，赠予人在附义务的限度内承担与出卖人相同的违约责任。二是赠予人故意不告知瑕疵或保证无瑕疵，造成受赠人损失的，应当承担损害赔偿责任。

赠予合同的终止：(1)赠予合同的任意撤销。在赠予财产的权利转移之前，赠予人有权依其意思任意撤销赠予合同。但在具有救灾、扶贫等社会公益、道德义务性质的赠予合同和经过公证的赠予合同中，赠予人不得任意撤销赠予合同。(2)赠予合同的法定撤销：在赠予合同中，赠予财产的权利转移之后，赠予人即丧失了任意撤销赠予合同的权利。但在以下条件具备时，赠予人仍可享有撤销赠予合同的法定权利：一是受赠人严重侵害赠予人或者赠予人的近亲属的。二是受赠人对赠予人有扶养义务而不履行的。三是受赠人不履行赠予合同约定的义务的。赠予人的撤销权，自知道或者应当知道撤销原因之日起1年内行使。超过这一期间，赠予人丧失撤销权。因受赠人的违法行为致使赠予人死亡或者丧失民事行为能力的，其继承人或其法定代理人可以撤销赠予。赠予人的继承人或者法定代理人的撤销权，自知道或者应当知道撤销原因之日起6个月内行使。(3)赠予合同的法定解除。赠予人的经济状况显著恶化，严重影响其生产经营或者家庭生活的，可以解除赠予合同，不再履行赠予义务。该合同解除不发生溯及既往的效力，赠予人就原已履行的赠予，无权要求受赠人返还。

三、借款合同

借款合同是指借款人向贷款人借款，到期返还借款并支付利息的合同。除当事人另有约定外，借款合同应采用书面形式。借款合同的内容通常包括借款种类、用途、数额、利率、期限和还款方式等条款。

借款合同的特征：(1)借款合同是转移借贷款项处分权的合同，其标的种类为货币，不包括实物。这是借款合同的重要特征。(2)借款合同一般是有偿的，也可以是无偿的。除法律另有规定外，借款合同是否有偿，由当事人双方约定。双方约定利息的，为有偿合同；双方未约定利息的，为无偿合同，又称无息借款。

四、租赁合同

租赁合同是出租人将租赁物交付承租人使用、收益,承租人支付租金的合同。租赁合同中,交付租赁物供对方使用、收益的一方称为出租人,使用租赁物并支付租金的一方称为承租人。

租赁合同的特征:(1)租赁合同为转让财产使用权的合同。(2)租赁合同为有偿合同。(3)租赁合同为诺成合同。(4)租赁合同具有临时性。

租赁合同的分类:(1)以租赁合同的标的物为标准,可将租赁合同分为动产租赁合同和不动产租赁合同。(2)以租赁合同是否有固定期限为标准,可将租赁合同分为定期租赁合同和不定期租赁合同。

租赁合同的效力:(1)出租人的义务。交付租赁物并保证承租人正常使用、收益的义务;维修租赁物的义务。除法律另有规定或合同另有约定外,出租人对租赁物有维修的义务。(2)承租人的义务。依约定方法或租赁物的性质使用租赁物的义务;妥善保管租赁物的义务;不作为义务。在租赁合同中,承租人的不作为义务主要包括以下内容:不得随意对租赁物进行改善或在租赁物上增设他物;不得随意转租。除此之外,承担人还有支付租金的义务、返还租赁物的义务。(3)租赁合同的特别效力:一是承租人获取租赁物收益的权利;二是租赁合同的对抗效力,租赁物所有权变动时,承租人的租赁可以对抗租赁物的新所有权人;三是房屋承租人的优先购买权。

五、融资租赁合同

融资租赁合同是出租人根据承租人对出卖人、租赁物的选择,向出卖人购买租赁物,提供给承租人使用,承租人支付租金的合同。

融资租赁合同的特征是:(1)融资与融物相结合。(2)租赁关系和买卖关系相结合。(3)所有权与使用权相分离。(4)租赁合同不得中途解除。(5)融资租赁合同应采用书面形式,这是由融资租赁合同的复杂性决定的。

在融资租赁合同中,存在买卖合同关系和租赁合同关系,涉及出卖人、出租人、承租人三方当事人。在买卖合同关系中,出租人虽然是买受人,但一般情况下是由承租人直接与出卖人谈判和协商,出卖人是由承租人选定的,但由出租人以买受人的身份与出卖人签订买卖合同。

出卖人按照合同规定直接将出卖的标的物交付承租人,而不必经过出租人,出租人在这一合同中主要起融资作用。在这种买卖合同关系中,承租人有权接受出卖人交付的标的物，并有权就标的物的瑕疵向出卖人请求瑕疵担保。承租人也负有依照合同约定及时接受出卖人交付的标的物的义务，并负有对标的物进行检验的义务。也就是说，在买卖合同关系中，出租人具有买受人的实际地位，享受买受人的权利，承担买受人的义务。在租赁合同关系中，所涉及的当事人为出租人和承租人。由于租赁合同以买卖合同为前提，因此，出租人和承租人的权利义务关系与财产租赁合同关系不同，比如出租人不负担租赁物瑕疵担保的责任和在租赁期间承担维修义务等。

六、承揽合同

承揽合同是指承揽人按照定作人的要求完成工作，交付工作成果，定作人给付报酬的合同。完成工作的一方叫承揽人，接受工作成果并支付报酬的一方称为定作人。

承揽合同的特征是：(1)属于双务的、诺成的、有偿的合同。(2)承揽人的工作具有独立性。(3)承揽人完成的工作具有特殊性。(4)承揽人以自己的风险完成工作。

在承揽合同中，定作物和原材料意外灭失的风险负担由谁承担，一般按下列规则确定：(1)承揽人完成的工作成果在交付定作人前毁损、灭失的风险，因承揽人保管不善，由承揽人承担，承揽人丧失报酬请求权，不能要求定作人支付报酬。(2)定作人提供的原材料在承揽人占有期间毁损、灭失的风险，除不可抗力的以外，因承揽人保管不善，由承揽人承担；不可抗力的灭失风险由定作人承担。(3)因定作人迟延接受或无故拒收而未能交付定作物的，定作物意外灭失的风险由定作人承担。

七、建设工程合同

建设工程合同是承揽合同的一种特殊形式，它是指由承包人进行工程建设，发包人支付价款的合同。建设工程合同应当用书面形式。

建设工程合同的特征是：(1)合同的标的是建设工程项目。(2)合同的签订方式一般通过招标投标方式进行。(3)合同的形式应采用书面形式。(4)合同的主体一般为法人。(5)合同具有综合性。

建设工程合同的种类：(1)勘察合同。勘察合同是委托人（发包人）与承包人或勘察人就完成建设工程地理、地质状况的调查研究工作而达成的协议。在勘察合同中，勘察人的主体资格要求严格，并对提交的勘察质量负担保义务。(2)设计合同。设计合同是发包人与承包人或设计人就工程初步设计和施工设计订立的合同。在我国,设计人的主体资格要求严格,一般是经国家批准的设计单位。(3)施工合同。施工合同是发包人与承包人或施工人为工程施工形成的协议。施工人或承包人完成建筑工作成果,发包人接受施工工作成果并支付报酬。在我国,施工人的资格要求较严格。(4)监理合同。建设工程需要实行监理的,发包人应当与监理人采用书面形式签订委托监理合同。监理合同是为保证工程质量而订立的。监理合同的内容应包括工程名称、地点、监理职责、费用以及支付办法等。

八、运输合同

运输合同是承运人将旅客或者货物运到约定地点,旅客、托运人或者收货人支付票款或者运费的合同。

运输合同的特征:(1)运输合同是有偿的、双务的合同。(2)运输合同是属于提供劳务的合同。(3)运输合同大多是格式条款合同。

运输合同的种类:(1)按运输对象划分,可分为货物运输合同和旅客运输合同。(2)按运输方式划分,可分为铁路运输合同、公路运输合同、内河运输合同、航空运输合同、海上运输合同及多式联运合同等。

九、技术合同

技术合同是当事人一方开发、转让技术,提供技术咨询和服务,另一方支付价款和报酬的合同。

技术合同的特征:(1)当事人之间的权利义务产生于与技术有关的领域,即产生于技术商品的开发、转让以及利用技术为社会服务的领域。(2)技术合同的标的是无形财产,其表现方式可以是某种信息状态、技术资料、图纸、磁带等。(3)技术合同的形式除当事人有约定以外,应采用书面形式。(4)技术合同除应遵循合同的一般原则外,还应遵循有利于科学技术进步等特殊原则。(5)技术合同是以技术为标的的合同总称,具体包括技术开发合同、技术转让合同、技术咨询合同和技术服务合同等。

技术合同种类:(1)技术开发合同。技术开发合同是指当事人之间就新技术、新产品、新工艺和新材料及其系统的研究开发所订立的合同。其包括委托开发合同和合作开发合同。(2)技术转让合同。技术转让合同是当事人就专利权转让、专利申请权转让、专利实施许可、技术秘密转让所订立的合同。(3)技术咨询合同。技术咨询合同是指当事人一方以技术知识为另一方就特定技术项目提供可行性论证、技术预测、专题技术调查、分析评价报告等订立的合同。(4)技术服务合同。技术服务合同是指当事人一方以技术知识为另一方提供技术服务,另一方支付报酬的合同。

十、委托合同

委托合同,又称委任合同,是指一方委托他方处理事务,他方允诺处理事务的合同。委托他方处理事务的为委托人,允诺为他方处理事务的为受托人。

委托合同具有以下法律特征:(1)委托合同是以为他人处理事务为目的的合同。(2)委托合同的订立以委托人和受托人之间的相互信任为前提。(3)委托合同是诺成合同及不要式合同。(4)委托合同可以是有偿合同,也可以是无偿合同。

委托合同的效力:(1)受托人的义务。依委托人的指示处理委托事务的义务;亲自处理委托事务的义务;报告的义务;财产转交的义务。(2)委托人的义务。支付费用的义务,不论委托合同是否有偿,委托人都有支付费用的义务;支付报酬的义务;赔偿受托人损失的义务,委托人对于受托人在处理委托事务中非因自己过错所造成的损失应负赔偿损失的责任,因再委托第三人处理委托事务给受托人造成损失时的赔偿义务。